مفاهيم مالية إسلامية

تأليف

د. عطا اللـه علي الزبون

أ. عايش سالم السبول

dar_almotanaby@yahoo.com

جميع الحقوق محفوظة

1430هـ – 2010م

رقم الإيداع لدى دائرة المكتبة الوطنية

(1977 /5 / 2009)

269.2
الزبون، عطا الله
مفاهيم مالية إسلامية/ عطاالله علي الزبون، عايش سالم السبول.- عمان
: دار المتنبي، 2009
(...) ص.
ر.أ (1977 /5 / 2009).

الواصفات:/الاقتصاد الإسلامي// المالية/

* تم إعداد بيانات الفهرسة والتصنيف الأولية من دائرة المكتبة الوطنية

دار المتنبي
للطباعة والنشر والتوزيع
الأردن / إربد
شارع شفيق إرشيدات- مقابل بوابة الاقتصاد-
جامعة اليرموك

تلفاكس
(00962-2 - 7262000)

Dar- almotanaby

PUBLISHERS
Irbid - Jordan

Tel Fax:

(00962-2-7262000)

E-mail:

dar_almotanaby@yahoo.com

ISBN 978–9957–516-00-0 ردمك

الإهداء ....

إلى أبي وأمي .... الذان وضعا خطاي على هذا الدرب
إلى زوجتي .... الغالية على قلبي
إلى ابنتي .... براعم الطفولة وسنابل الخير والعطاء
إلى المجاهدين والشهداء الذين يروون بدمائهم ثري أقلامنا لتبحر بالخير إلى هذه الأمة إليك أنت أيها القارئ العزيز

نهدي هذا العمل

المقدمـــــة

لابد مع ظهور المفاهيم والمصطلحات الحديثة التي ازدادت مع رياح العولمة من وجود مفاهيم تشير الى المرجعية الاسلامية التي نستقي منها احكامنا الشرعية

والتي استندت الى مصادر التشريع المختلفة من القران والسنة والاجتهاد والاستنباط والقياس وشرع من قبلنا الى غير ذلك من المصادر التي تعتبر بالنهاية المرجعيات العادلة والمنصفة في جميع الميادين وخصوصا موضوع بحثنا، وذلك بعد انهيار معظم النظريات الاقتصادية الوضعية او قصورها في بعض الجوانب في معالجة القضايا التي وجدت من اجلها، فلا بد من تسمية الاشياء بمسمياتها وإظهار المفاهيم الاسلامية التي نطل بها على العالم ويطل علينا العالم بنتائجها الايجابية دائما، ونرجع نقتات على فتات نظرياتهم ان صحت فهي لنا ومن ديننا وان فشلت ردت الى سوء تطبيقها من قبلنا.

لذا ارتى المؤلفان وضع هذا الكتاب عله ياتي على توضيح المفاهيم المالية الاسلامية او جزء منها آملين من القراء الكرام ممن اعطاهم الله تعالى من فضلة سعة الاطلاع والادراك بتوضيح ما ابهم وابداء ما في افئدتهم من علم قصر عنه هذا العمل وجزاهم الله خير الجزاء.

المؤلفان

٢٠٠٩/١/١٢

مفاهيم مالية اسلامية

تعريف المال في اللغة:

هو كل ما يقتني ويحوزه الانسان بالفعل ، سواء أكان عينا أم منفعة ، كذهب أو فضة أو نبات أو منافع الشيء كالركوب واللبس والسكن، أما ما لا يحوزه الانسان فلا يسمى مالا كالطير في الهواء والسمك في الماء.

ما هو المال شرعا؟ هو كل متقوما طاهر العين منتفعا به إنتفاعا شرعيا فلا يجوز أن يكون المال غير نافع أو أهدر الشرع ماليته كالخمر أو نجسا لايمكن تطهيره كالخنزير وقد يكون نقدا أو عرضا ويجب الانتفاع به .

مفهوم التمويل في الاقتصاد الإسلامي:

تعتبر وظيفة الوساطة المالية من أهم الوظائف التي تضطلع بها المصارف والمؤسسات المالية بمختلف أشكالها، حيث تقوم بدور الوسيط بين المدخرين والمستثمرين أو بين المقرضين والمقترضين، بل إن البنوك تستمد أهميتها ووجودها من هذه الوظيفة بالذات، وغيرها تبع لها. لقد أدركت المجتمعات الإنسانية أهمية هذه الوظيفة في نقل رؤوس الأموال من حيث الفائض إلى حيث العجز من أجل تمويل الأنشطة الاقتصادية المختلفة من خلال عملية تخصيص أمثل للموارد الإنتاجية نحو استخداماتها الجيدة. إن التحليل المعاصر ينظر إلى المصارف كمؤسسات متخصصة في المعلومات وتتمتع بميزة اقتصاديات الحجم، وهو ما يجعلها قادرة على جمع المعلومات والمتابعة والتحصيل بكلفة ومخاطر أقل.

عوامل الإنتـــاج:

عرف الاقتصاديون عوامل الإنتاج بأنها ذلك الخليط من الموارد الطبيعية والإنسانية التي تساهم في إنتاج القيمة المضافة، أو كل ما يحقق منفعة مباشرة أو غير مباشرة للإنسان، وعناصر الإنتاج هي العمل ورأس المال والأرض والتنظيم، ويفرق الاقتصاديون بين رأس المال والنقود، فالنقود لا تنتج شيئا بحد ذاتها، بل تعتبر وسيطا للتبادل ومخزنا للقيمة، ولذا فهي لا تستحق مكافأة لذاتها.

التمويـــل:

يقصد بالتمويل بالمفهوم العام تقديم المال، ويقوم على علاقة تعاقدية بين طرفين أحدهما يملك فائضا في رصيده من الأموال والآخر يعني عجزا، وعليه فجوهر العملية التمويلية هو تحويل المال من حيث الفائض إلى حيث العجز من أجل تلبية حاجة استهلاكية أو استثمارية وفق صيغة تنظيم العلاقة بين أطرافها. إن المقرض عندما يقدم قرضا يقوم بعملية تمويل، كما أن رب المال في المشاركة يقوم بعملية تمويل، والمؤجر عندما يقوم بتأجير منفعة عينه المؤجرة يقوم بعملية تمويل كذلك، فإن أي عملية يترتب عليها دين في الذمة هي عملية تمويل كالبيع الآجل والسلم والاستصناع والضمان ولكل ما تضمن تعهدا بالدفع.

عناصر العملية التمويلية :

وتقوم العملية التمويلية على عدد من العناصر وهي:

المال: وهو محل العملية التمويلية، وهو في الاقتصاد الإسلامي كل ما جاز الانتفاع به من أعيان ومنافع، وتشمل منفعة الضمان والكفالة، وهو بهذا المعنى لا

يختلف عن المال في مفهوم الاقتصاد الوضعي إلا في حصره في المباحات، كما ورد الاختلاف في النظر إلى بعض الأموال، وهي ما يسمى في الفقه الإسلامي الربويات، فنجد أن النظام الاقتصادي الإسلامي ينظر إلى هذه الأموال نظرة خاصة لأن جميع الناس مضطرون إليها في معايشهم دون استثناء، خصوصا فيما يتعلق بالأثمان والنقود، فحرم فيها الربا لأنه يؤدي إلى الظلم والغبن، الأمر الذي يفسد على الناس حياتهم ومعايشهم، في المقابل نجد الاقتصاد الوضعي لا يفرق بين مال ومال، ففتح باب التبادل على مصراعيه بلا قيد أو شرط ودون اعتبار لمصالح الناس ومعايشهم وما يفسد وما يصلح، فالنقود سلعة كأي سلعة في التبادل يحددها عامل الطلب والعرض.

أهميـــة المـــال في الاســـلام

لا شك أن المال العام الذي تمتلكه الأمة يشكل عمودها الفقري وعصبها الحساس فبه تسود الأمة وعليه تقوم ، وهو كالشرايين في الجسم يساعد على تسيير عجلة الحياة ويدفع بها إلى الأمام لأنه ذكر من بين الضروريات التي يجب المحافظة عليها.

وغريزة التملك العام عند الجماعة غريزة فطرية ، تقترن غالبا بغريزة حب البقاء، والجماعة تحب أن تتمتع بخيراتها الكثيرة أشجارا و أنهارا وبحارا وملاعب ومنتزهاتت دون أية اعتداءات من قبل الأفراد أو السلطة ، فهذا في حد ذاته نواح إيجابية تدفعها إلى العمل والنشاط في ميادين العمل والإنتاج، ومن هنا يحق للجماعة أن تمارس جميع صلاحياتها في الحفاظ على ملكياتها العامة ومالها العام، وإن تضع القيود و الضوابط التي تحفظ هذه الملكيات وهذا المال. على أن الأسلام وهو يقدر قيمة المال العام ويقدر غريزة تمليكه يرأ ضرورة والتوجيه لأجل الجماعة وأن لا يخرج استعماله عن القواعد الكلية العامة في التملك التي هي في نهاية المطاف إرضأء الله عز وجل وخدمة مجموعة الأمة .

وعليه إذا كانت الأمة تهدف إلى بعثرة مالها وإخراج من دائرة المشروع والمعهود كأن تضر بالفرد وبالجماعة نفسها وبالدولة فإنه عند إذ يجب منعها وحرمانها من التصرف بل محسوبتها محاسبة عادلة وتحميلها نتائج اساءة الأستعمال فالسفينة وإن كانت تتملكها الأمة جميعها لكن ليست لمجموعهم وأن يتنكبوا قواعد نجاتها بإسم الحق الفردي تارة وبإسم الحق العام تارة أخرى [1].

وهناك العديد المفاهيم الاقتصادية الاسلامية ذات المساس المباشر بهذا الموضوع وسنحاول ان شاء الله تعالى عرض هذه المفاهيم حتى نقدم احاطة متواضعة في المفاهيم المالية والاقتصادية التي تعامل بها القرآن الكريم وفسرتها السنة النبوية الشريفة والاجتهادات الفقهية فيما بعد .

اولا: رأس مــــال:

١- لسان ال (رأسمالية):

لغة: اسم للقليل والكثير من المقتنيات من كل ما يتمول ويملك، ويقصد برأس المال في اللغة: أصل المال دون ربح أو زيادة، كما في القرض لتحريره من الربا[٢]، وكذلك لقوله تعالى: ﴿وَإِن تُبْتُمْ فَلَكُمْ رُءُوسُ أَمْوَالِكُمْ لَا تَظْلِمُونَ وَلَا تُظْلَمُونَ﴾ (البقرة: ٢٧٩).

واصطلاحا: يطلق رأس المال على المال الذي يدفع للعامل في شركة المضاربة، وعلى الثمن الذي يعجل به في بيع السلم، وعلى المبلغ الذي يدفعه كل شريك في شركة العنان، وعلى الثمن الأصلي الذي اشترى به البائع في معاملات التجارة، ويطلق كذلك على النقد ذهبا أو فضة أو ما يقوم مقامهما من العملات[٣].

ويطلق في الفكر الوضعي على أدوات الإنتاج التي لا تستخدم لأغراض الاستهلاك المباشر، وإنما للمساهمة في إنتاج سلع أخرى، ويطلق على الرصيد المتجمع من الموارد، والذي يسهم في إنتاج أكبر قدر ممكن من السلع والخدمات خلال فترة زمنية معينة. ويعرف كذلك، بأنه الرصيد الذي يستخدم كاحتياطي لتدعيم مستوى مرتفع من الاستهلاك في وقت تشتد الحاجة فيه إليه. ويمكن التفرقة بين رأس المال والدخل، بأن الدخل هو الإيراد أو الغلة التي تعود على الفرد أو المؤسسة من العمل أو

المال، كما أنه أجر العامل أو إيجار الأرض، وقد حرص الإسلام على استثمار رأس المال وتنميته. وقد اعتبر الفقهاء أن الإنفاق من رأس المال تبذير، بينما الإنفاق من الربح ليس تبذيرا[٤].

ولا يخفي حرص الإسلام على تشجيع التكوين الرأسمالي عندما أعفي رأس المال الثابت من الزكاة وقد حدد الدمشقي وسائل حفظ المال كما يلي:

١- ألا ينفق أكثر مما يكتسب.

٢- ألا يكون ما ينفق مساويا لما يكتسب.

٣- أن يحذر الرجل أن يمد يده إلى ما يعجز عنه وعن القيام به.

ومن أنواع رأس المال:

١- رأس المال المتداول ويقصد به المال الذي تنتهي منفعته الاقتصادية باستعماله مرة أو بضع مرات، وتحسب قيمته بالكامل في نفقة إنتاج السلعة المنتجة، مثل القطن الخام الذي يستخدم في صناعة المنسوجات مرة واحدة.

٢- رأس المال العامل، ويقصد به الموارد السائلة الصافية لمنشأة ما في السوق، وهي الأصول الجارية مطروحا منها الالتزامات الجارية وتشمل عروض التجارة، ويستحق عليها الزكاة باعتبارها مالا ناميا بعد حولان الحول.

٣- رأس المال الاجتماعي، ويقصد به المرافق العامة ومشروعات البنية الأساسية ومؤسسات حفظ النظام، والأمن والعدالة، باعتبارها أصولا يتملكها المجتمع.

٤- رأس المال المعنوي ويقصد به الشهرة في التجارة أو التصنيع أو العلامة التجارية، والذي يضمن تحقيق رقم مرتفع من المبيعات، وعلى ذلك فقد درج المحاسبون على

تحديد قيمة نقدية للشهرة ضمن عناصر أصول رأس مال المشروع باعتبارها أصلا رأسماليا معنويا.

٥- الأوراق المالية والسندات باعتبارها مساهمات في رءوس أموال المشروعات تدر عائدا سواء في صورة أرباح موزعة على كل سهم، وفائدة محددة تزاد على أصل قيمة السند في تاريخ استحقاقه.

ويعتبر رأس المال أحد عناصر الإنتاج حيث يشترك مع غيره من العناصر لتحقيق الإنتاج بدرجة تجعله محور التنمية الاقتصادية، ويحتل مكانا بارزا في النظرية الاقتصادية للإنتاج والتوزيع، وفي نظرية النمو الاقتصادي في نفس الوقت.

ويطلق تعبير "رأسمالية" للدلالة على النظام الاقتصادي القائم على تطبيق قواعد العرض والطلب في السوق الحرة، وعلى حرية القطاع الخاص في النشاط الاقتصادي، وعلى حق الملكية الخاصة للأفراد والمشروعات، وبحيث يكون تخصيص الموارد وتوزيع الدخل بمعرفة قوى السوق الحرة دون تدخل من السلطات الحكومية، التي تقتصر ـ وظائفها على الدفاع والأمن والعدالة ومراقبة السوق والأسعار، ويعترف النظام الاقتصادي الرأسمالي بدور ثانوي للقطاع العام وفقا لما تقرره السلطات الحكومية في مجال المنافع العامة، ذات الربحية الاجتماعية، وفي مجال الأنشطة الاستراتيجية.

ثانيا: الثـــــروة:

لغة: ثروة من ثرى، ثرى المال ثراء: نما، وثرى القوم: كثروا وثرى ثراء كثر ماله فهو ثر وثرى، وثرى بكذا: كثر ماله فهو غني عند الناس، والثراء كثرة المال، والثرى: الأرض (كما في لسان العرب)[٥].

واصطلاحا: الثروة هي الأشياء الأساسية التي تسهم في الرفاهية وهذه الأشياء هي التي تسمى السلع الاقتصادية. لم ترد كلمة " ثروة"، في القرآن الكريم، والكلمة التي جاءت ولها صلة لغوية بهذه المفردة هي كلمة "ثرى" في قوله سبحانه وتعالى﴿ لَهُۥ مَا فِى ٱلسَّمَٰوَٰتِ وَمَا فِى ٱلْأَرْضِ وَمَا بَيْنَهُمَا وَمَا تَحْتَ ٱلثَّرَىٰ ﴾ (طه: ٦).

وقال الألوسي في تفسيرها: وردت كلمة الثرى: التراب الندى، تثرى ثرى فهي ثرية كغنية[٦].أحد الحديثين جاء فيه: (ما بعث الله نبيا إلا في ثروة ثروة في حديثين من أحاديث سيدنا محمد صلى الله عليه وسلم من قومه)[٧]. أما الحديث الثاني فجاء فيه: (وأما أول ثلة يدخلون النار فأمير مسلط وذو ثروة من المال لا يؤدي ... حق الله في ماله) [٨].

يمكن القول أن كلمة (مال) هي أقرب الكلمات إلى معنى كلمة "ثروة" وذلك في القرآن الكريم وفي الدراسات الفقهية، جاءت كلمة مال في القرآن ستا وثمانين مرة، وفي الاصطلاح الفقهي تعددت التعاريف التي عرف بها الفقهاء مصطلح "مال"، ومما قيل في تعريفه: "لا يقع اسم مال إلا على ما له قيمة يباع بها وتلزم متلفه وإن قلت وما لا يطرحه الناس"[٩].

وقيل أيضا في تعريفه: "المراد بالمال ما يميل إليه الطبع ويمكن ادخاره لوقت الحاجة"[١٠]. وقد ميز محمد باقر الصدر بين نوعين من "الثروة": ثروة أولية وهي مصادر الإنتاج، وثروة ثانوية وهي ما يظفر به الإنسان عن طريق استخدام تلك المصادر وفي رأيه أن الثروة الأولية لا يدخل فيها العمل ورأس المال، وإنما تشمل مصادر الطبيعة للإنتاج وهي:

الأرض- المواد الأولية التي تحويها الأرض- المياه الطبيعية بقية الثروات وهي محتويات البحار والأنهار والثروات الطبيعية المنتشرة في الجو، والقوى الطبيعية المنبثة في أرجاء الكون، وغير ذلك من ذخائر الطبيعة وثروتها.

وإذ أشرنا إلى أن كلمة "ثروة" لم ترد في القرآن الكريم وأن كلمة (مال) أقرب مدلول لها، فقد جاءت في القرآن الكريم مفردات كثيرة تدل على معنى الثروة ومنها كلمة: رزق ونعمة، والمعنى الذي يبرز في هذه المفردات أنها أعطت للثروة عناصر قيمية، وأن كل مفردة من المفردات السابقة تحمل عنصرا قيميا معينا وهذا يعني أن الإسلام لا يقصر النظر إلى الثروة من حيث العنصر المادي، إنما يضم إلى ذلك عناصر قيمية في فهم معنى الثروة وفي استخدامها أو توظيفها، وهذه العناصر القيمية تتوزع إلى عناصر عقيدية وعناصر أخلاقية، وغير ذلك مما تدل عليه المفردات السابقة.

ومما سبق يمكن تقديم مفهوم للثروة في الإسلام وللعناصر الفاعلة فيه، فالثروة تشمل السلع النافعة والمباحة شرعا، ولا يقتصر مفهوم الثروة في الإسلام على السلع المنتجة وإنما يدخل فيها كل مصادر الطبيعة مثل أشعة الشمس والهواء وما في جوف الأرض من عناصر طبيعية أخرى.

ثالثا: البيـــــع:

لغة: البيع هو مطلق المبادلة مالية كانت أو غير مالية ومن ثم جاء قول الحق تبارك وتعالى: ﴿ فَٱسْتَبْشِرُوا۟ بِبَيْعِكُمُ ٱلَّذِى بَايَعْتُم بِهِۦ ﴾ (التوبة: ١١١)

فقد أطلق الله سبحانه وتعالى البيع على بذلهم أنفسهم وأموالهم في سبيل الله ليظفروا بجنات النعيم.وهو مصدر الفعل (باع) ويطلق على الشيء وضده كالقرء: للطهر والحيض، فيقال: باع كذا إذا أخرجه عن ملكه أو أدخله فيه.

والبيـع اسم المبيع، والبيعة المبايعة التي هي عبارة عن المعاقدة والمعاهدة.فقد جاء في الحديث النبوي الكريم قول المعصوم صلى الـلـه عليه وسلم : (ألا تبايعوني على الإ سلام) [11].

واصطلاحا: البيع في اصطلاح الفقهاء عبارة عن مبادلة المال المتقـوم بمثلـه عـلى وجـه مخصـوص، وبذا يكون اصطلاح الفقهاء جاريا على استعمال البيع بمعنـى الإدخـال في الملـك، ومـن ثـم قـالوا: "البيـع سالب والشراء جالب" وحكمة مشروعية البيع أن الـلـه سبحانه وتعـالى خلـق الإنسـان وجعلـه بطبعـه محتاجا للتعامل مع بني جنسه ، رغبة منه في الحصول على ما يسد رمقه، وتبقى به حياته إذ هو وحده لا يستطيع القيام بمهام شئونه المختلفة التي يتطلبها أمرمعاشه. من هنا شرع الحكيم الخبير البيع، نظـرا لما يترتب عليه من تبادل المنـافع بـين النـاس وتحقـق التعـاون بـين أفـرادهم وجماعـاتهم، وبـذا تـنـتظم حياتهم وينطلق كل واحد منهم إلى ما يمكنه الحصول عليـه مـن وسـائل العـيش فـالزارع يغـرس الأرض ليبيع ثمارها وحاصلاتها لمن لا يستطيع الزراعة إلا أنه يستطيع الحصول على الثمن من طريق آخر هيـأه الـلـه له.

وكذا التاجر يحضر السلعة من جهات بعيـدة نائيـة كي يبيعهـا لمـن هـم في حاجـة إليهـا. فـالبيع والشراء من أهم الوسائل التي تبعث على النهوض وترقـى بأسـباب الحضـارة والعمـران، فلـو لم يشرـع الـلـه سبحانه وتعالى البيع ، لاحتاج الإنسان إلى أخـذ مـا بيـد غـيره، إمـا بالغلبـة والقهـر، إمـا بالسـؤال والاستجداء وإلا تذرع بالصبر حتى الهلاك. ولا شك أن هذا حال لا يقـوم معـه نظـام الأمـم لمـا فيـه مـن الفساد والذل والصغار والهلاك.

ودليل مشروعية البيع: القرآن الكريم، والسـنة النبويـة المطهـرة، والإجـماع. أمـا القـرآن الكـريم، فهناك آيات كثيرة منها قول الحق تبارك وتعالى:﴿ وَأَحَلَّ ٱللَّهُ ٱلْبَيْعَ وَحَرَّمَ

﴿ الرِّبَوٰاْ ﴾(البقرة: ٢٧٥). وقوله:﴿ وَأَشْهِدُوٓاْ إِذَا تَبَايَعْتُمْ ﴾ (البقرة: ٢٨٢)ومنها قوله جل وعلا: ﴿ يَٰٓأَيُّهَا ٱلَّذِينَ ءَامَنُواْ لَا تَأْكُلُوٓاْ أَمْوَٰلَكُم بَيْنَكُم بِٱلْبَٰطِلِ إِلَّآ أَن تَكُونَ تِجَٰرَةً عَن تَرَاضٍ مِّنكُمْ ﴾(النساء: ٢٩) فهذه الآيات الكريمة صريحة في حل البيع ومشروعيته وإن سيقت لأغراض أخرى كإفادة الآية الثانية للأمر بالاستشهاد عند التبايع دفعا للخصومة، وحسما للنزاع حتى لا يقع الجحود أو الإنكار بينما سيقت الآية الثالثة للنهي عن أكل أموال الناس بالباطل إلا بطرق البيع ونحوه من كل تجارة مشروعة. أما الآية الأولى فقد سيقت للتفرقة بين البيع والربا ردا على من سوى بينهما، بل جعل الربا أدخل في الحل من البيع.

وأما السنة النبوية المطهرة فقد روي أن المعصوم صلى الله عليه وسلم سئل عن أطيب الكسب فقال: (عمل الرجل بيده وكل بيع مبرور) (رواه الإمام أحمد والطبراني [١٢].

والمبرورمن البيع ما لا غش فيه وجاء في الحديث قوله صلى الله عليه وسلم : (الذهب بالذهب، والفضة بالفضة، والبر بالبر والشعيربالشعير والتمر بالتمر والملح بالملح مثلا بمثل يدا بيد فمن زاد أو استزاد فقد أربى،الآخذ والمعطي فيه سواء)[١٣].

وقال المعصوم صلى الله عليه وسلم : (التاجر الصدوق يحشر يوم القيامة مع الصديقين والشهداء) (رواه الترمذي)[١٤].

والأحاديث في هذا المجال مستفيضة تبلغ حد التواتر المعنوي، وقد بعث صلى الله عليه وسلم والناس يتبايعون فأقرهم على ما لم يخالف الشريعة الغراء.

وأما الإجماع فإن الأمة الإسلامية بجميع طبقاتها، وخلال كل عصورها توافقت على جواز البيع، وأجمعت على أنه أحد أسباب الملك وقد تعامل به المسلمون من لدن الصدر الأول حتى يومنا هذا دون نكير، فكان ذلك إجماعا قطعيا على مشروعية البيع.

من الأدلة السابقة (قرآنا وسنة وإجماعا) نقف على أن الأصل في البيع الإباحة إلا أنه قد يطرأ من الأحوال والملابسات ما يخرجه عن هذا الأصل إلى أحد طرفي الطلب وهو الحظر أي الكراهة، أو التحريم، أو الفعل وهو الندب أو الإيجاب، أو الافتراض إذ البيع قد يكون مفروضا، وذلك للمضطر اضطرارا شديدا بحيث إذا لم يحصل على الشيء المبيع فورا فإنه يهلك أو يتلف عضو من أعضائه، والبائع إذا امتنع عن البيع والحالة هذه فإنه يكون آثما ومن ثم قال فقهاؤنا: "إن القاضي له أن يجبره على البيع إنقاذا للمضطر" وقد يكون واجبا وذلك كالبيع للمضطر الذي لم يبلغ به الاضطرار حدا يودي به إلى الهلاك، بل يوجد عنده حرجا ومشقة لا يزولان إلا بالحصول على المبيع بحيث، إذا لم يحصل عليه من صاحبه لا يصل إليه من غيره. وقد يكون مندوبا وذلك كبيع الشيء ممن يحلف أن يشتريه منه وليس للبائع حاجة إليه.

وقد يكون حراما وذلك كبيع المسلم الخمر والخنزير أو غيرهما من كل ما نهى عن بيعه لذاته أو لصفة فيه كالبيع مع الشروط الفاسدة غير أنه قد يكون باطلا كالخمر وما ماثله وقد يكون فاسدا كالبيع المقترن بالشرط الفاسد. وأخيرا قد يكون البيع مكروها، ومثال ذلك كل ما نهى عنه لأمر مجاور لا لخلل في الأركان أو الشروط، وذلك كالبيع عند الآذان الأول لصلاة الجمعة الوارد في قول الحق تبارك وتعالى: ﴿يَٰٓأَيُّهَا ٱلَّذِينَ ءَامَنُوٓاْ إِذَا نُودِيَ لِلصَّلَوٰةِ مِن يَوۡمِ ٱلۡجُمُعَةِ فَٱسۡعَوۡاْ إِلَىٰ ذِكۡرِ ٱللَّهِ وَذَرُواْ ٱلۡبَيۡعَۚ ذَٰلِكُمۡ خَيۡرٞ لَّكُمۡ إِن كُنتُمۡ تَعۡلَمُونَ﴾ (الجمعة: ٩).وإذا ما تم عقد البيع مستكملا أركانه مستوفيا شروطه، يكون قد حاز درجة الاعتبار شرعا، وعندئذ يترتب عليه انتقال ملك كل من الطرفين عما بذله، وثبوت ملكه فيما أخذه ليثبت ملك البائع في الثمن، ملك المشتري في المبيع، وعندها يحل لكل منهما التصرف فيما انتقل ملكه إليه بما هو أهل له من التصرفات الشرعية ويصيح البيع- كما شرعه الله- واسطة السعادة بين الناس

أفرادا وجماعات فتنتظم حياتهم ويتفرغ كل منهم لما يسره الله له من سبل العيش في أمن وأمان وهدوء واستقرار وسعادة واطمئنان.

رابعا: الشـــــراء:

﴿ يَٰٓأَيُّهَا ٱلَّذِينَ ءَامَنُوٓاْ إِذَا نُودِيَ لِلصَّلَوٰةِ مِن يَوۡمِ ٱلۡجُمُعَةِ فَٱسۡعَوۡاْ إِلَىٰ ذِكۡرِ ٱللَّهِ وَذَرُواْ ٱلۡبَيۡعَۚ ذَٰلِكُمۡ خَيۡرٞ لَّكُمۡ إِن كُنتُمۡ تَعۡلَمُونَ ﴾ (الجمعة: ٩) يا أيها الذين صدقوا الله ورسوله وعملوا بشرعه، إذا نادى المؤذن للصلاة في يوم الجمعة، فامضوا إلى سماع الخطبة وأداء الصلاة، واتركوا البيع، وكذلك الشراء وجميع ما يشغلكم عنها، ذلك الذي أمرتم به خير لكم؛ لما فيه من غفران ذنوبكم ومثوبة الله لكم، إن كنتم تعلمون مصالح أنفسكم فافعلوا ذلك. وفي الآية دليل على وجوب حضور الجمعة واستماع الخطبة.

تفسير الميسر- ﴿ وَإِذۡ أَخَذَ ٱللَّهُ مِيثَٰقَ ٱلَّذِينَ أُوتُواْ ٱلۡكِتَٰبَ لَتُبَيِّنُنَّهُۥ لِلنَّاسِ وَلَا تَكۡتُمُونَهُۥ فَنَبَذُوهُ وَرَآءَ ظُهُورِهِمۡ وَٱشۡتَرَوۡاْ بِهِۦ ثَمَنٗا قَلِيلٗاۖ فَبِئۡسَ مَا يَشۡتَرُونَ ﴾ (آل عمران: ١٨٧) واذكر -أيها الرسول- إذ أخذ الله العهد الموثق على الذين آتاهم الله الكتاب من اليهود والنصارى، فلليهود التوراة وللنصارى الإنجيل؛ ليعملوا بهما، ويبينوا للناس ما فيهما، ولا يكتموا ذلك ولا يخفوه، فتركوا العهد ولم يلتزموا به، وأخذوا ثمنا بخسا مقابل كتمانهم الحق وتحريفهم الكتاب، فبئس الشراء يشترون، في تضييعهم الميثاق، وتبديلهم الكتاب. ﴿ ٱلَّذِينَ يُنفِقُونَ أَمۡوَٰلَهُم بِٱلَّيۡلِ وَٱلنَّهَارِ سِرّٗا وَعَلَانِيَةٗ فَلَهُمۡ أَجۡرُهُمۡ عِندَ رَبِّهِمۡ وَلَا خَوۡفٌ عَلَيۡهِمۡ وَلَا هُمۡ يَحۡزَنُونَ ﴿٢٧٤﴾ ٱلَّذِينَ يَأۡكُلُونَ ٱلرِّبَوٰاْ لَا يَقُومُونَ إِلَّا كَمَا يَقُومُ ٱلَّذِي يَتَخَبَّطُهُ ٱلشَّيۡطَٰنُ مِنَ ٱلۡمَسِّۚ ذَٰلِكَ بِأَنَّهُمۡ قَالُوٓاْ إِنَّمَا ٱلۡبَيۡعُ مِثۡلُ ٱلرِّبَوٰاْۗ وَأَحَلَّ ٱللَّهُ ٱلۡبَيۡعَ وَحَرَّمَ ٱلرِّبَوٰاْۚ فَمَن جَآءَهُۥ مَوۡعِظَةٞ مِّن رَّبِّهِۦ فَٱنتَهَىٰ فَلَهُۥ مَا سَلَفَ وَأَمۡرُهُۥٓ إِلَى ٱللَّهِۖ وَمَنۡ عَادَ فَأُوْلَٰٓئِكَ أَصۡحَٰبُ ٱلنَّارِۖ هُمۡ فِيهَا خَٰلِدُونَ ﴿٢٧٥﴾ ﴾ (البقرة)

الذين يخرجون

أموالهم مرضاة لله ليلا ونهارا مسرين ومعلنين، فلهم أجرهم عند ربهم، ولا خوف عليهم فيما يستقبلونه من أمر الآخرة، ولا هم يحزنون على ما فاتهم من حظوظ الدنيا. ذلك التشريع الإلهي الحكيم هو منهاج الإسلام في الإنفاق لما فيه من سد حاجة الفقراء في كرامة وعزة، وتطهير مال الأغنياء، وتحقيق التعاون على البر والتقوى؛ ابتغاء وجه الله دون قهر أو إكراه الذين يتعاملون بالربا -وهو الزيادة على رأس المال- لا يقومون في الآخرة من قبورهم إلا كما يقوم الذي يتخبطه الشيطان من الجنون؛ ذلك لأنهم قالوا: إنما البيع مثل الربا، في أن كلا منهما حلال، ويؤدي إلى زيادة المال، فأكذبهم الله، وبين أنه أحل البيع وحرم الربا؛ لما في البيع والشراء من نفع للأفراد والجماعات، ولما في الربا من استغلال وضياع وهلاك. فمن بلغه نهي الله عن الربا فارتدع، فله ما مضى قبل أن يبلغه التحريم لا إثم عليه فيه، وأمره إلى الله فيما يستقبل من زمانه، فإن استمر على توبته فالله لا يضيع أجر المحسنين، ومن عاد إلى الربا ففعله بعد بلوغه نهي الله عنه، فقد استوجب العقوبة، وقامت عليه الحجة، ولهذا قال سبحانه: ﴿فَأُوْلَٰٓئِكَ أَصْحَٰبُ ٱلنَّارِۖ هُمْ فِيهَا خَٰلِدُونَ﴾ (البقرة: ٢٧٥)

خامسا: بيــع السلــــم :

السلم لغــة :

السلم في اللغة : مأخوذ من الفعل أسلم . يقول ابن منظور في لسان العرب : ((.. السلم ـ بالتحريك ـ السلف . وأسلم في الشيء وسلم وأسلف بمعنى وأحد . والأسم السلم ...))[١٥] ((وأسلم إليه الشيء دفعه))[١٦] . ((يقال :أسلم وسلم اذا أسلف ، وهو أن تعطى ذهبا وفضة في سلعة معلومة الى أمد معلوم . فكانت قد أسلمت الثمن الى صاحب السلعة وسلمته إليه))[١٧] .

السلم اصطلاحا : أما الفقهاء فقد ذكروا له تعريفات متعددة ، تختلف في بعض القيود تبعا لاختلافهم في الشروط المعتبرة فيه . ويمكن تصنيف هذه التعاريف الى ثلاث مجموعات.

١- عرفه موفق الدين بن قدامة بأنه : ((عقد على موصوف في الذمة مؤجل بثمن مقبوض في المجلس))[١٨]

شرح التعريف : قوله ((على موصوف)) بيان لاشتراط وصف المسلم فيه ، احتراز أمن السلم بالمجهول.

تعريف اخر هو نوع من البيع يدفع فيه الثمن في الحال ويؤجل فيه المبيع الموصوف في الذمة (بيع أجل بعاجل) ويسمى رأس مال السلم والمبيع المسلم فيه والبائع المسلم اليه المشتري المسلم أو رب السلم.

وانظر ايضا محمد تقي الدين الفتوحي ، منتهى الارادات في جمع المقنع من التنقيح والزيادات وقوله ((في الذمة بيان)) لاشتراط كون المسلم في دينا ، احترازا من السلم في الاعيان المعينة .

سادسا: المكافـــــــأة:

وهي ما يستحقه رب المال (الممول) مقابل تخليه عن تلك الأموال، ويتبادر هنا السؤال التالي: بم يستحق رب المال (الممول) المكافأة التي يحصل عليها؟ لقد اتفقت وجهات النظر بين النظام الاقتصادي الإسلامي والنظام الاقتصادي الوضعي في أن رب المال (الممول) يستحق مكافأة على تقديمه ماله في العمليات التمويلية المختلفة، فرب مال المشاركة يستحق ربحا والبائع بالأجل يستحق الأجرة وهكذا، إلا أن

الاختلاف ورد في إجابة السؤال أعلاه، أما الاقتصاد الوضعي فيرى أن الممول يستحق المكافأة مقابل مجرد تخليه عن المال لفترة معينة أو مقابل تأجيل استهلاكه الحالي، وربطوا بين أجل العملية التمويلية والمكافأة وجعلوا هذه العلاقة مدار العملية التمويلية، إلا أن وجهة النظر لدى الاقتصاد الإسلامي تقول إن الممول يستحق المكافأة مقابل المخاطرة (الضمان) وهو ما نص عليه الحديث "الخراج بالضمان". جدير بالذكر أن قيمة المكافأة ومقدارها ليس له حدود في كل النظامين الإسلامي والوضعي. الأجل: وهو المدة الزمنية التي تستغرقها العملية التمويلية حتى عودة المال للممول، والسؤال الذي يتبادر للذهن هنا هو: هل هناك علاقة بين الأجل والمكافأة التي يستحقها رب المال (الممول)؟ في الاقتصاد الوضعي نجد أن مدار العملية التمويلية يقوم على العلاقة بين الأجل والمكافأة، ليس في استحقاق الممول للمكافأة فحسب، بل في تحديد مقدار المكافأة وقيمتها أيضا، ولا شك أن الاقتصاد الإسلامي لا يختلف مع هذا الرأي من حيث المبدأ، فجعل للأجل اعتبارا في التبادل، إلا أنه استثنى ذلك الاعتبار في الربويات، فلا قيمة للأجل حينئذ، لأن الأجل في الربويات يؤدي إلى الربا فضلا أو نساء، ولقائل أن يقول بل إن الاعتبار قائم للأجل حتى في الربويات، ذلك أن منع الأجل فيها للزيادة وهي الربا، فالأجل وإن لم يكن زيادة مادية فهو زيادة معنوية لها تقديرها وقيمتها.

الصيغة: وهي العلاقة التي تحكم وتنظم العملية التمويلية، وينظر فيها إلى اعتبار الغرض والغاية، وبناء عليه يتم تحديد استحقاق المكافأة، هذا في النظام الاقتصادي الإسلامي، فما كان التعاقد فيه على سبيل المعاوضة أوالمشاركة استحقت فيه مكافأة، أم ما كان التعاقد فيه على سبيل التبرع والإرفاق حينئذ لاتستحق فيه مكافأة، أما في النظام الاقتصادي الوضعي فإن العلاقة العقدية لا قيود عليها ولا تحدد مبدأ استحقاق

المكافأة من عدمه، فالمكافأة استحقت بمجرد التمويل والتخلي عن الأموال، وعليه فليس للصيغة أثر في تحديد عناصر العملية التمويلية إلا بالقدر الذي يحفظ حقوق أطراف تلك العملية. لقد كان الفكر الاسلامي المنطلق من التوجيه الرباني (كتاب الله تعالى) بسنة الرسول صلى الله عليه وسلم وأحوال الأخرى المسبقة منها دين العقيدة ومنهاج حياة لم يترك فيها جانب وباب إلا وطرق ومن هذه الجوانب الجانب الأقتصادي المستند إلى التوزيع العادل والمنظم للعملية الإنتاجية من وسائل وكسب وانتاج وعمل تمخض عن مفاهيم مالية واقتصادية ذات علاقات وطيدة مع الجوانب السياسية والأجتماعية والثقافية المكونة في المحصلة منهاج حياة دنيوي يهدف الى حياة أخرى مبتغاها جنة وعرضها السماوات والأرض فهذه الأنظمة الربانية العادلة ما هي إلا وسائل للوصول الى ارضاء المنظم المدبر العادل لله عز وجل كل ذلك مع وجود أنظمة وضعية قاصرة عن تلبية الأهداف السابقة ومن هنا يحاول المؤلفان الوقوف عند هذه المفاهيم الأقتصادية الأسلامية عسى أن ينتفع بها القارئ الكريم.

سابعا: الرهـــن:

لغة: يطلق على ما يفيد الثبوت والدوام على الشيء والارتباط به (كما في اللسان)[١٩].

واصطلاحا: عرفه الفقهاء بأنه حبس الشيء بحق يمكن أخذه منه كالدين[٢٠].

وتتكون عناصره من:

١- الراهن، وهو المدين صاحب الرهن، وشرطه: أن يكون جائز التصرف في المال بأن يكون بالغا عاقلا رشيدا مالكا للرهن، لازما من جهته متى تم قبضه.

٢- المرتهن؛ وهو الدائن بدين لازم، والرهن غير لازم من جهته لأنه أخذه للتوثق بدينه، فإن حصل التوثق من جهة أخرى غير الرهن فلا بأس من إعادة الرهن إلى راهنه. والرهن يوضع عند المرتهن إلى أن يسدد الدين، ويجوز الاتفاق على وضعه عند شخص أمين.

٣- الرهن، وهو الشيء المرهون وشرطه أن يكون فيه وفاء الدين حتى إذا لم يقم المدين بالسداد في الموعد فإن الرهن يباع ويستوفي الدين من ثمنه.

٤- المرهون به؛ وهو الدين الذي يشترط فيه أن يكون لازما ولابد من معرفة قدره، وجنسه، وصفته.

٥- الصيغة؛ وهي الإيجاب والقبول وقد جاء في القرآن الكريم: ﴿وَإِن كُنتُمْ عَلَىٰ سَفَرٍ وَلَمْ تَجِدُوا كَاتِبًا فَرِهَانٌ مَّقْبُوضَةٌ﴾(البقرة: ٢٨٣) فقد أفاد النص الكريم أن الرهن المقبوض في السفر يحل محل التوثق بالكتابة التي جرى الشرع والعرف على التوثق بها، وإنه وإن ذكر السفر في الرهن لكنه ليس على سبيل الاشتراط، بل إنه خرج مخرج الغالب، إذ يغلب في السفر عدم وجود أدوات الكتابة مع حصول النسيان والتعرض للموت فيه[٢١].

وقد ورد جواز الرهن في الحضر بما روته عائشة- رضي الله عنه ا- قالت:" اشترى رسول الله صلى الله عليه وسلم من يهودي طعاما ورهنه درعا من حديد" (رواه مسلم) [٢٢].

واستغلال الرهن مدة الرهن إنما يكون من قبل المرتهن لحساب الراهن، ولا يأخذ من عائد الاستغلال إلا قدر نفقته عليه إن كان يحتاج إلى نفقة؛ لقوله عليه الصلاة والسلام: "الظهر يركب بنفقته إذا كان مرهونا ولبن الدر يشرب بنفقته إذا كان مرهونا وعلى الذي يشرب ويركب النفقة" (رواه البخاري)[٢٣].

ثامنا: الزكــــاة:

لغة: الصلاح والتقوى والتطهير والزيادة والنماء، (كما في اللسان)[٢٤]. ومنه قوله تعالى:﴿ خُذْ مِنْ أَمْوَٰلِهِمْ صَدَقَةً تُطَهِّرُهُمْ وَتُزَكِّيهِم ﴾ (التوبة: ١٠٣).

واصطلاحا: إذا أطلقت الزكاة فإنما يراد منها زكاة الأموال التي فرضت في السنة الثانية من الهجرة على من ملك نصابا وحال عليه الحول، في زكاة المواشي، والنقود، وعروض التجارة، وبدو الصلاح في الثمار والحبوب وذوات الزيوت. وتجب الزكاة على المسلم البالغ العاقل المالك للنصاب مع خلو المال من الدين عند الحنفية؛ لأنها من العبادات، والعبادات منوطة بالتكليف، بينما لا يشترط الجمهور البلوغ والعقل، بل تجب في مال الصبي والمجنون ويخرجها عنهما وليهما، لأنها حق واجب في الأموال لا يشترط في مالكها التكليف. كما أن الخلو من الدين عند الجمهور إنما يراعي في زكاة النقدين وعروض التجارة في الجملة، أما الحرث والمواشي فلا يراعي فيها ذلك. وتجب في النقود التي يتعامل بها أو ما يقوم مقامها من أوراق البنكنوت إذا ملك المسلم منها، ما يعادل عشرين دينارا شرعيا، وهو ما يوازي الآن خمسة وثمانين جراما ذهبا، ومن الفضة مائتا درهم شرعي، وهوما يوازي الآن خمسمائة وخمسة وتسعين جراما من الفضة. والزكاة عن النقدين؛ إنما يراعي فيها سعر صرف يومها، والقدر الواجب في ذلك هو ربع العشر، حيث يجب في الألف خمسة وعشرون جنيها، وقد تضمن ذلك الحديث الشريف ".. فإذا كانت لك مائتا درهم وحال عليها الحول ففيها خمسة دراهم، وليس عليك شيء، وحتى تكون لك عشرون دينارا وحال عليها الحول؛ ففيها نصف دينار فما زاد فبحساب ذلك.."(أخرجه أبو داود)[٢٥].

وعن المواشي؛ يجب في أربعين من الغنم شاة، وفي مائة وواحد وعشرين شاتان، وتجب في خمس من الإبل شاة، وفي

عشر شاتان، وفي خمس عشرة ثلاث شياه، وفي عشرين أربع شياه، وفي خمس وعشرين بنت مخاض[٢٦] ... وفي البقر والجاموس؛ في كل ثلاثين تبيع[٢٧]، وفي كل أربعين مسنة[٢٨]، ويراعي في نصاب المواشي التدرج في الارتفاع في القدر المخرج بارتفاع الأعداد المملوكة، وتعرف تفاصيلها من كتب الفروع. وعن الحبوب والثمار؛ يجب فيها العشر إن سقيت بدون تكلفة، ونصف العشر إذا كانت بتكلفة وذلك إذا حصل نصاب منها، وقدره خمسة أوسق، والوسق ستون صاعا، وقدره بالكيل المصري الحالي خمسون كيلة. وعن البقول والخضروات؛ فيوجب فيها الزكاة: الإمام أبو حنيفة، بينما الجمهور لا يوجب فيها الزكاة، وكذلك الحلي التي تتحلى به المرأة، فبعض العلماء يوجب فيها الزكاة، بينما يذهب فريق آخر إلى عدم وجوب الزكاة فيه لأنه ليس بمكنوز ولا نام.

وعن عروض التجارة؛ فتجب فيها الزكاة إذا مر عليه حول منذ ملك أصله وكان فيه النصاب، والواجب فيه ربع العشر، وعروض التجارة تشمل المال المتحرك في المحلات التجارية والمصانع، كما تشمل قيمة أسهم الشركات بمختلف أنواعها، وكل مال يتاجر فيه، بمرور الحول وملك النصاب.وعن الركاز؛ فيجب فيه الخمس، وهو يشمل المعدن عند الحنفية، بينما الجمهور يوجبون فيه الخمس، وأما المعادن المستخرجة من الأرض بمختلف أنواعها ففيها عندهم ربع العشر لما يبذل فيها من تكلفة[٢٩].

وقد تحددت مصارف الزكاة بقوله تعالى: ﴿إِنَّمَا ٱلصَّدَقَٰتُ لِلۡفُقَرَآءِ وَٱلۡمَسَٰكِينِ وَٱلۡعَٰمِلِينَ عَلَيۡهَا وَٱلۡمُؤَلَّفَةِ قُلُوبُهُمۡ وَفِي ٱلرِّقَابِ وَٱلۡغَٰرِمِينَ وَفِي سَبِيلِ ٱللَّهِ وَٱبۡنِ ٱلسَّبِيلِۖ فَرِيضَةٗ مِّنَ ٱللَّهِۗ وَٱللَّهُ عَلِيمٌ حَكِيمٞ﴾ (التوبة: ٦٠). وذلك تحقيقا لمبدأ التكافل الاجتماعي بين المسلمين حيث يلزم الأغنياء بسد حاجة الفقراء في المجتمع المسلم. أما

زكاة الفطر فتجب بغروب الشمس من أخر يوم من رمضان، أو طلوع الفجر من يوم أول شوال على من كان عنده قوت يومه لحديث ابن عمر مرفوعا (فرض رسول الله صلى الله عليه وسلم زكاة الفطر صاعا[٣٠] من تمر أو صاعا من شعير على العبد والحر، والذكر والأنثى، والصغير والكبير، من المسلمين، وأمر بها أن تؤدي قبل خروج الناس إلى الصلاة) (رواه مسلم)[٣١].

تاسعا: الصيرفـــــة:

لغة: مشتقة من الصرف، وهو صرف الذهب والفضة في الميزان، أي فضل الدرهم على الدرهم، والدينار على الدينار؛ لأن كل واحد منهما يصرف عن قيمة صاحبه، ويقال بين الدرهمين صرف أي فضل لجودة فضة أحدهما، والصرف أيضا بيع الذهب بالفضة، ويقال صرفت الدراهم بالدنانير. (كما في اللسان)[٣٢]

واصطلاحا: وظيفة من وظائف كتاب الأموال في الدول الإسلامية. والصراف والصريف والصيرفي هو الذي كان يتولى قبض الأموال وصرفها ونقدها، والجمع صيارف وصيارفة، وقد يجمع شخص واحد مهمة الصيرفي والجابي. ونظرا لأهمية وظيفة الصيرفة ألفت كتب لإرشاد الصيارفة، منها:كتاب "المختار في كشف الأسرار" للجويري. وقد تناول هذا الكتاب كشف أسرار الغش والتدليس في الصناعات، وعني بصفة خاصة بأعمال الصيارف.

كتاب "الباهر في الحيل والشعبذة" لأحمد بن عبد الملك الأندلسي. واهتم الكتاب بتنبيه الصيارفة إلى تجنب التصرفات المخالفة للشرع، فحذرهم السبكي مثلا من خلط أموال الناس بعضها ببعض،وعدم بيع النقدين بالآخر نسيئة، بل نقدا، وذكرهم أيضا بأن من حق الصيرفي معرفة عقد الصرف، وألزم بضمان ما يتلف في يده من النقد

للغير. ومن الأمور التي لفت السبكي نظر الصيرفي إليها أنه إذا سلم صبي درهما إلى صيرفي لينقده لم يحل للصيرفي رده إليه، وإنما يرده إلى وليه.

ومن الملاحظ أن كثيرين من اليهود والنصارى مارسوا الصيرفة في مصر في العصر الإسلامي، وأثروا منها ثراء كبيرا، وحصلوا عن طريقها على كثير من النفوذ. وحدد ديوان الإنشاء في عصر- المماليك ألقاب الصيارف من اليهود وا لنصارى، وذكر أنها تصدر (بالشيخ) كما كانوا يتخذون ألقابا مضافة إلى الدولة مثل ولي الدولة وشمس الدولة، وربما قيل: الشيخ الشمسي للتفخيم.

وكان الصيرفي إذا أسلم أضيف لقبه إلى الدين بدلا من الدولة، فيقال مثلا شمس الدين، وإذا كان لقبه لا يناسب الإضافة إلى الدين نعت بلقب قريب، مثلا الشيخ السعيد، قد يقال له سعد الدين. هذا.. واشتهر بعض الأعلام بلقب الصيرفي مما يرجح اشتغالهم بهذه الوظيفة، أو انتسابهم إلى من اشتغل بها، ومن أمثلة هؤلاء: الصيرفي علي بن بندار الصوفي والصيرفي عمرو بن عدي، والشيخ أبو القاسم علي بن منجب الصيرفي الكاتب، مؤلف كتاب "قانون ديوان الرسائل " وشهرته ابن الصيرفي، وقد ورد اسمه بمسجد مهدم بقرية الحصن. وقد وصلتنا بعض شواهد قبور تشتمل على أسماء مصحوبة بهذه الوظيفة، منها: شاهد رخام من ترابانى مؤرخ ربيع الأول سنة ٤٧٤ هـ باسم سيدة الأهل بنت عبدالعزيز الصيرفي من أهل مازر. شاهد حجر جيري مؤرخ آخر رجب سنة ٥٨٣ هـ من جبانة باب الشاغور بدمشق باسم الحاج أبو المكارم بن جامع بن علي الصيرفي. هذا ويطلق حاليا في مصر وغيرها من البلاد العربية على شركات تغيير العملات أواستبدالها شركات الصرافة.

عاشرا: الضمـــــــان:

لغة: له عدة معان: منها الكفالة، فنقول: ضمنته الشيء ضمانا إذا كفله ومنها الالتزام، فتقول: ضمنت المال، إذا التزمته ومنها التغريم، تقول ضمنته الشيء تضمينا إذا غرمته [٣٣].

واصطلاحا: يطلق على المعاني التالية:

أ- يطلق على كفالة النفس، وكفالة المال عند جمهورالفقهاء.

ب- كما يطلق على غرامة المتلفات والمغصوبات والمتعيبات والتغيرات الطارئة.

ج- كما يطلق على ضمان المال والتزامه سواء كان بعقد وبغير عقد.

د- كما يطلق على وضع اليد على المال، بغير حق أو بحق.

وقد عرف الفقهاء الضمان بتعريفات كثيرة نقتصر على اثنين منها:

الأول: التزام دين أو إحضار عين أو بدن [٣٤].

الثاني: شغل ذمة أخرى بالحق [٣٥].

والضمان جائز شرعا، حفظا للحقوق، ورعاية للعهود، وجبرا للضرر، دلت على ذلك نصوص كثيرة من القرآن الكريم والسنة المطهرة. ومن ذلك:

أ- قوله تعالى: ﴿وَلِمَن جَآءَ بِهِۦ حِمۡلُ بَعِيرٖ وَأَنَا۠ بِهِۦ زَعِيمٞ﴾ (يوسف: ٧٢) فزعيم: أي ضامن، فقد ضمن يوسف عليه السلاملمن جاء بسقاء الملك قدر ما يحمله البعير من الطعام.

ب- ما رواه أنس إلى النبي طعاما في قصعة، فضربت عائشة قال: أهدت بعض أزواج النبي صلى الله عليه وسلم القصعة بيدها، فألقت ما فيها، فقال النبي (طعام بطعام ، وإناء بإناء) [٣٦].

جـ- ما رواه سمرة بن جندب قال: قال رسول الله صلى الله عليه وسلم (على اليد ما أخذت حتى تؤدي) [٣٧] أي ضمانه.

ولكي يتحقق الضمان شرعا، ويجب على من التزم به؛ لابد من توافر ثلاثة أركان هي: التعدي، الضرر، علاقة السببية بين التعدي والضرر " الإفضاء ".

- فالتعدي: هو مخالفة ما حده الشرع أو العرف، فيشمل التعدي: المجاوزة، والتقصير، والإهمال، وقلة الاحتراز، كما يشمل العمد والخطأ [٣٨].

- أما الضرر: فهو إلحاق مفسدة بالغير، وهذا يشمل الإتلاف والإفساد. والضرر قد يكون ناشئا عن القول أو الفعل، كما أنه قد يكون بالقول والفعل أو بالترك [٣٩].

- أما علاقة السببية: فيشترط أن يكون التعدي مفضيا إلى الضرر، سواء كان بالمباشرة أو بالتسبب، ويشترط أيضا أن لا يتخلل بين السبب وبين الضرر فعل فاعل مختار، فإذا وجد هذا الفاعل الأجنبي فإنه يضاف الضمان إليه، وينقطع التعدي عن الضرر [٤٠].

وللضمان أسباب، ذكر الشافعية والحنابلة أنها قد تكون:

أ- العقد: كالمبيع، والثمن المعين قبل القبض، والسلم في عقد البيع.

ب- اليد: مؤتمنة كانت كالوديعة والشركة، في حالة حصول التعدي، أو غير مؤتمنة كالشراء الفاسد.

ج- الإتلاف: سواء كان للنفس أو المال [٤١].

أما المالكية فقد ذكروا أن أسباب الضمان هي:-

(أ) الإتلاف مباشرة؛ كإحراق الثوب.

(ب) التسبب في الإتلاف: كحفر بئر في موضع لم يؤذن فيه فيترتب عليه في العادة إتلاف.

(ج) وضع اليد غير المؤتمنة: ويندرج فيها يد الغاصب، والبائع يضمن المبيع الذي يتعلق به حق توفيته قبل القبض[٤٢]. يجب تسليمها بذاتها، وآداؤها فور طلبها لقوله تعالى ﴿إِنَّ ٱللَّهَ يَأْمُرُكُمْ أَن تُؤَدُّوا۟ ٱلْأَمَـٰنَـٰتِ إِلَىٰٓ أَهْلِهَا﴾ [النساء: ٥٨] وتضمن الأمانات في حالة التعدي ، وإلا فلا ضمان فيها. أما المضمونات فتضمن بالإتلاف وبالتلف ولو كان سماويا[٤٣].

هذا وأحكام الضمان كثيرة ومتفرعة في سائر أبواب الفقه، فيرجع إليها لمن أراد الاستزادة من سائر كتب المذاهب.

الحادى عشر: الغـــــرر:

لغة: الخطر، وهو تعريض المرء نفسه أو ماله للهلاك من غير أن يعرف[٤٤] وقال الجرجاني: الغرر ما يكون مجهول العاقبة لا يدري أيكون أم لا[٤٥].

اصطلاحا: عرف الغرر بتعريفات متعددة وكلها متقاربة نسبيا منها: الغرر ما طوى عنك علمه[٤٦].

الغرر التردد بين أمرين: أحدهما على الغرض، و الثاني على خلافه[٤٧].

الغرر ما تردد بين جوازين متضادين الأغلب منهما أخوفهما [٤٨].

الغرر ما تردد بين أمرين ليس أحدهما أظهر، كالآبق متردد بين الحصول وعدمه[٤٩].

وقال ابن تيمية: الغرر ما لا يقدر على تسليمه سواء كان موجودا أو معدوما كبيع البعير الشارد، فإن موجب البيع تسليم المبيع والبائع عاجز عنه، والمشتري إنما يشتريه مخاطرة ومقامرة، فإن أمكنه أخذه كان المشتري قد قمر البائع،وإن لم يمكنه أخذه كان البائع قد قمر المشتري[٥٠].

والخلاصة: أن بيع الغرر هو البيع الذي يتضمن خطرا يلحق أحد المتعاقدين ؛ فيؤدي إلى ضياع ماله حكم بيع الغرر: الغرر الذي يتضمن خديعة حرام ومنهي عنه ؛ لما رواه أبو هريرة قال: نهى رسول الله صلى الله عليه وسلم عن بيع الحصاة وعن بيع الغرر[٥١].

قال النووي: النهى عن بيع الغرر أصل عظيم من أصول كتاب البيوع يدخل فيه مسائل كثيرة غير منحصرة، كبيع الآبق، والمعدوم، والمجهول، وما لا يقدر على تسليمه ونظائر ذلك، وكل هذا بيعه باطل، لأنه غرر من غير حاجه تدعو إليه [٥٢].

وقد اتفق العلماء على أن الغرر ينقسم إلى مؤثر في البيوع وغير مؤثر، ويشترط في الغرر حتى يكون مؤثرا أن يكون كثيرا أما إذا كان يسيرا أو تدعو إليه الضرورة فإنه لا تأثير له على العقد[٥٣].

وقد أجمع العلماء على جواز إجارة الدار وغيرها شهرا مع أن الشهر قد يكون ثلاثين يوما وقد يكون تسعة وعشرين وعكس هذا أجمعوا على بطلان بيع الأجنة في البطون والطير في الهواء [٥٤].

الثاني عشر: الغنـــــائم:

لغة: جمع غنيمة، وهي من الغنم، وهو الفوز بالشيء كما في الوسيط [٥٥].

واصطلاحا: المأخوذة من أهل الحرب على سبيل القهر والغلبة والانتصار، بقتال وركوب خيل ونحوها[٥٦].

واختصها بها، قال تعالى: وقد شرعها الله تعالى لأمة محمد صلى الله عليه وسلم ﴿وَٱعْلَمُوٓا۟ أَنَّمَا غَنِمْتُم مِّن شَىْءٍ فَأَنَّ لِلَّهِ خُمُسَهُۥ وَلِلرَّسُولِ وَلِذِى ٱلْقُرْبَىٰ وَٱلْيَتَـٰمَىٰ وَٱلْمَسَـٰكِينِ وَٱبْنِ ٱلسَّبِيلِ﴾ (الأنفال: ٤١) وقال رسول الله صلى الله عليه وسلم : (أعطيت خمسا لم يعطهن أحد قبلي....... وأحلت لي الغنائم ولم تحل لأحد قبلي.) (رواه البخاري ومسلم). أن الغنائم تقسم على خمسة أسهم: صلى الله عليه وسلم وقد ظهر من هذه الآية الكريمة، ومن فعل رسول الله

١- سهم منها يقسم على خمسة مصارف هي:

(أ) رسول الله صلى الله عليه وسلم

(ب) أقاربه صلى الله عليه وسلم من بني هاشم وبني المطلب.

(ج) اليتامى.

(د)المساكين.

(ه) ابن السبيل.

فلكل جهة من هؤلاء الخمسة خمس خمس الغنيمة.

٢- سهم للمشاة من المقاتلين يقسم بينهم.

٣- سهم للفرسان يقسم بينهم.

٤، ٥- سهمان للخيول الصحيحة التي يقاتلون عليها.

وقد يعطي رسول الله صلى الله عليه وسلم أحد المقاتلين شيئا من الغنيمة قبل التقسيم يسمى نفلا؛ لأنه زيادة على ما يستحقه من التقسيم؛ لتفوقه في بعض الأعمال، وتسمى الغنيمة كلها نفلا وأنفالا ؛ لأنها منحة من الله تعالى لهذه الأمة، قال تعالى: ﴿يَسْئَلُونَكَ عَنِ ٱلْأَنفَالِ قُلِ ٱلْأَنفَالُ لِلَّهِ وَٱلرَّسُولِ﴾ (الأنفال: ١) وقد روى أنها في أول الإسلام كانت للنبى صلى الله عليه وسلم وحده يصنع فيها ما يشاء، ثم نسخ ذلك بآية التقسيم على المقاتلين[٥٧].

وهناك أيضا الرضخ من الغنيمة، وهو عطاء يعطيه الإمام ونائبه لمن حضر القتال ولم يستوف الشروط التي يستحق بها المقاسمة في الغنيمة كالنساء والصبيان ونحوهم.

وهناك أيضا السلب، وهو ما يكون على العدو المقتول من ملابس وآلات حرب وما يركبه من فرس، فإن ذلك يكون لقاتله فوق نصيبه من الغنيمة؛ لحديث (من قتل قتيلا له عليه بينة فله سلبه)[٥٨].

ويدخل في الغنيمة كل ما حصل عليه المسلمون من الكفار، نتيجة قهرهم والانتصار عليهم من أموال منقولة أو أسلحة أو أراض، أو فداء للأسرى أو سابقة للمسلمين[٥٩].

والتقسيم على المقاتلين بالنسب السابقة فيكون للأموال المنقولة والأسلحة والفداء، أما ما استرده المسلمون من أموالهم، فترد إلى أصحابها، ولا تدخل في التقسيم إذا عرفها أصحابها، فإن لم يعرفوها قسمت، وأما الأراضي ففيها خلاف فقيل: بالتقسيم، وقيل: بعدمه، وقيل: الإمام مخير في الأراضي بين التقسيم، أو يتركها لأهلها بالخراج.

ويجب على أمير الجيش حفظ الغنائم، وتكليف من يقوم بحفظها حتى يقسمها بين أصحابها، وجمهور الفقهاء على أن التقسيم يكون في محل الغزوة بعد الانتصار وانتهاء الحرب، ليدخل السرور على المقاتلين، إلا إذا كان الموقع غير أمن، فينتقل بهم إلى موقع آخر يكون آمنا، ثم يقسمها عليهم[٦٠]، وفي التعجيل بالتقسيم حكمة أخرى، وهي وقاية الغنيمة من السرقة والغلول.

ويشترط فيمن يستحق الغنيمة شروط هي:

أن يكون مسلما، بالغا، عاقلا، ذكرا، حرا، صحيحا، وأن يشهد المعركة ولو لم يقاتل. فإن اختل شرط أو أكثر من هذه الشروط بأن حضر المعركة صبى أو ذمى.. رضخ له الإمام أي أعطاه نصيبا من المال العام قبل التقسيم، ولا يبلغ هذا الرضخ قدر سهم من السهام الخمسة التي تقسم عليها الغنيمة.

ويخرج من الغنائم قبل التقسيم: الأسلاب، وأموال المسلمين المعروفة التي استردوها والأراضي على خلاف، وأجرة حفظ الغنيمة، والأرضاخ والأنفال[٦١] ثم تقسم على مستحقيها كما سبق ويقسم خمس الرسول صلى الله عليه وسلم بعد موته على الأربعة الباقين، أو يعتبر فيئا يعطي منه الغنى والفقير على خلاف بين الفقهاء[٦٢].

الثالث عشر: الفـــــيء:

لغة: مصدر فاء يفيء بمعنى رجع، فالفيء هو الرجوع كما في المعجم الوسيط[٦٣].

واصطلاحا: ما يرجع من أموال الكافرين إلى المسلمين بدون قتال ولا ركوب خيل، وقد ذكره الله في كتابه: ﴿وَمَآ أَفَآءَ ٱللَّهُ عَلَىٰ رَسُولِهِۦ مِنۡهُمۡ فَمَآ أَوۡجَفۡتُمۡ عَلَيۡهِ مِنۡ خَيۡلٖ وَلَا رِكَابٖ وَلَٰكِنَّ ٱللَّهَ يُسَلِّطُ رُسُلَهُۥ عَلَىٰ مَن يَشَآءُۚ وَٱللَّهُ عَلَىٰ كُلِّ شَيۡءٖ قَدِيرٞ﴾ (الحشر: ٦).

وذلك مثل الأموال المبعوثة مع رسول إلى إمام المسلمين، والأموال المأخوذة على موادعة أهل الحرب والفرق بينه وبين الغنيمة من جهتين:

١- أن الغنيمة تكون بالحرب وإيجاف الخيل، والفيء يكون بدون ذلك.

٢- أن تقسيم الغنيمة يختلف عن تقسيم الفيء، مع أن الجميع من أموال الكافرين. وقد شرعه الله تعالى لمحمد صلى الله عليه وسلم وأمته قال تعالى:﴿ وَمَآ أَفَآءَ ٱللَّهُ عَلَىٰ رَسُولِهِۦ مِنْهُمْ فَمَآ أَوْجَفْتُمْ عَلَيْهِ مِنْ خَيْلٍ وَلَا رِكَابٍ وَلَٰكِنَّ ٱللَّهَ يُسَلِّطُ رُسُلَهُۥ عَلَىٰ مَن يَشَآءُ ۚ وَٱللَّهُ عَلَىٰ كُلِّ شَىْءٍ قَدِيرٌ ﴾ (الحشر: ٦)كي لا يكون دولة بين الأغنياء منكم كانت أموال بني النضير مما أفاء الله على رسوله رضي الله عنه وعن عمر بن الخطاب قال: وكانت للنبي صلى الله عليه وسلم خاصة، فكان ينفق على أهله نفقة سنة، وما بقي يجعله في الكراع والسلاح[٦٤].

وقد اختلف الفقهاء في قسمة الفيء فقال قوم: إن الفيء لجميع المسلمين، الفقير والغني، وإن الإمام يعطي منه للمقاتلة وللحكام وللولاة، وينفق منه في النوائب التي تنوب المسلمين، كبناء القناطر وإصلاح المساجد، وغير ذلك، ولا خمس في شيء منه، وبه قال الجمهور عدا الشافعي- وهو الثابت عن أبي بكر وعمر[٦٥] وهذا هو المعنى العام للآية الكريمة، حيث بينت أنه لله وللرسول صلى الله عليه وسلم فما لله فهو لمصالح المسلمين، وما للرسول فهو لنفقته في حياته، ثم لمصالح المسلمين بعد مماته وكذلك ذوو القربى واليتامى والمساكين وابن السبيل، فلم يبق أحد من المسلمين إلا وله حق في مال الفيء.

أما الشافعي فيرى أن الفيء يخمس أي يقسم على خمسه أسهم: سهم منها يقسم على المذكورين في آية الفيء وهم أنفسهم المذكورون في آية وأربعة أخماس لرسول الله صلى الله عليه وسلم واجتهاد الإمام من بعده، ينفق منه على نفسه الغنيمة،وعلى عياله. ومن يرى والصحيح ما ذهب إليه جمهور الفقهاء من الحنفية والمالكية والحنابلة، وهو قول

الشافعي في القديم: أن الفيء لا يخمس، وإنما كله لرسول الله صلى الله عليه وسلم في قوله: ﴿وَالَّذِينَ جَاءُو مِنْ بَعْدِهِمْ يَقُولُونَ رَبَّنَا اغْفِرْ لَنَا وَلِإِخْوَانِنَا الَّذِينَ سَبَقُونَا بِالْإِيمَانِ﴾(الحشر :١٠) ومن ذكروا معه فيكون عاما لجميع المسلمين بناء على اجتهاد الإمام، قال ابن المنذر: ولا نحفظ من أحد قبل الشافعي في الفيء الخمس كخمس الغنيمة[٦٦] وقد روى أن عمر لما قرأ آية الفيء قال "استوعبت هذه الآية الناس، فلم يبق أحد من المسلمين إلا له في هذا المال حق"[٦٧]

وعلى قول الشافعي يقسم الفيء على خمسة أسهم:

ينفق منه علي نفسه وأهله وما فضل جعله في سائر المصالح.

الأول: لله وللرسول صلى الله عليه وسلم

الثاني: لذوي القربى (بني هاشم وبني المطلب).

الثالث: لليتامى

الرابع: للمساكين

الخامس: لأبناء السبيل

في حياته، ولمصالح المسلمين بعد والأخماس الأربعة الباقية بعد تقسيم الخمس لرسول الله صلى الله عليه وسلم مماته توضع في بيت المال ويصرف في مصالح العامة[٦٨].

والخلاف بين الشافعي والجمهور بسيط لأن كليهما يعود إلى مصالح المسلمين في حياته وبعد مماته صلى الله عليه وسلم كما رأينا وهناك من يرى أن الفيء: مورد من موارد الدولة ينفق في وجوه البر والخير حسبما ورد ذلك في القرآن الكريم .قال تعالى: ﴿مَّا أَفَاءَ اللَّهُ عَلَىٰ رَسُولِهِ مِنْ أَهْلِ الْقُرَىٰ فَلِلَّهِ وَلِلرَّسُولِ وَلِذِي الْقُرْبَىٰ وَالْيَتَامَىٰ وَالْمَسَاكِينِ وَابْنِ السَّبِيلِ كَيْ لَا يَكُونَ دُولَةً

بَيْنَ ٱلْأَغْنِيَآءِ مِنكُمْۚ وَمَآ ءَاتَىٰكُمُ ٱلرَّسُولُ فَخُذُوهُ وَمَا نَهَىٰكُمْ عَنْهُ فَٱنتَهُواْۚ وَٱتَّقُواْ ٱللَّهَۖ إِنَّ ٱللَّهَ شَدِيدُ ٱلْعِقَابِ ﴾ [الحشر: ٧].

فالفيء لغة[٦٩] : الرجوع ، تقول : فاء يفيء فيئا وفيوءا إذا رجع وأفاءه غيره رجعه.

أما **الفيء شرعا** : فهو المال الذي أصابه المسلمون عفوا دون قتال ودون إيجاف خيل ولا ركاب[٧٠].

يأخذه لنفسه ولذوي والفيء لايقسم تقسيم الغنيمة عند أبي حنيفة والجمهور فكله للرسول صلى الله عليه وسلم واقرباه من بني هاشم وبني عبد المطلب الذين لايحل لهم أن يأخذوا من الزكاة، ويعطي لليتامى والمساكين ولأبناء السبيل ويمنعه عن الأغنياء حتى لأيستأثروا بأنفسهم دون الفقراء.

والأصناف الأربعة الأخرى والذي عليه الشافعي وغيره أنه يوزع توزيع الغنيمة فهو للنبي صلى الله عليه وسلم لكل منهم خمس الخمس وله الباقي. جاء في كتاب الأحكام السلطانية[٧١] . أموال الفيء والغنائم: ما وصلت من المشركين أو كانوا سبب وصولها.

ويختلف المالان في حكمهما ، وهما مخالفان لأموال الصدقات من أربعة أوجه:

أحدهما: أن الصدقات مأخوذة من المسلمين تطهيرا لهم، والفيء والغنيمة مأخوذان من الكفار انتقاما منهم .

الثاني : أن مصرف الصدقات منصوص عليه ليس للأئمة اجتهاد فيه ، وفي أموال الفيء والغنيمة ما يقف مصرفه على اجتهاد الأئمة .

الثالث: أن أموال الصدقات يجـوز أن ينفرد أربابها بقسـمتها في أهلها ولا يجـوز لأهـل الفيء والغنيمة أن ينفردوا بوضعه في مستحقه حتى يتولاه أهل الاجتهاد من الولاة.

الرابع : اختلاف المصرفين .

أما الفيء و الغنيمة فهـما متفقان مـن وجهين ومختلفـان مـن وجهيـن: فأما وجهـا اتفاقهما فاحدهما: إن كل واحد من المالين واصل بالكفر.

والثاني : أن مصرف خمسهما واحد.

الرابع عشر: بيت المـــــال:

بيت مال المسلمين أو بيت مال اللـه هو المبني والمكان الذي تحفظ فيه الأموال العامـة للدولـة الإسلامية من المنقولات، كالفيء والخمس و الغنائم ونحوها، إلى أن تصرف في وجوهها. أستخدم هـذين اللفظين منذ صدر الإسلام ثم اكتفي بكلمة بيت المال للدلالة على ذلك، حتى أصبح عند الإطلاق ينصرف إليه.

في صدر الإسلام كان بيت المال يبني ملاصقا لجدار المسجد الجامع، السبب يكمن في أن المسجد لم يكن يغلق في أي ساعة من ليل أو نهار في حينها ولم يكن يخلو من المصلين والقائمين والدارسين، فكان من في المسجد يشعر بأي حركة في بيت المال الملاصق له فيحمي من السرقة. في ما بعد، بعد أن تطورت المدن وأساليب الحياة أصبح بيت المال يقام عليه الحرس للحماية.

تطور لفظ بيت المال في العصور الإسلامية اللاحقة إلى أن أصبح يطلق على الجهة التي تملك المال العام للمسلمين، من النقود والعروض والأراضي الإسلامية

وغيرها. والمال العام هنا: هو كل مال ثبتت عليه اليد في بلاد المسلمين، ولم يتعين مالكه، بل هو لهم جميعا. قال القاضي الماوردي والقاضي أبو يعلى: كل مال استحقه المسلمون، ولم يتعين مالكه منهم، فهو من حقوق بيت المال. ثم قال: وبيت المال عبارة عن الجهة لا عن المكان. أما خزائن الأموال الخاصة للخليفة أو غيره فكانت تسمى بيت مال الخاصة.

الخامس عشر: الجزيـــــة :

الجزية هي قدر من المال يدفعه من هو قادر على القتال من المسيحيين و اليهود (أهل الذمة) في بلاد المسلمين مقابل حمايتهم ويعفي منه الكهول والنساء والاطفال والعجزة والمعاقين والذين يقاتلون في صفوف المسلمين ويفرض على المسلمين دفع الزكاة التي تؤخذ من الأغنياء وترد على الفقراء والمساكين.

يقول د. نبيل لوقا بباوي (قبطي): «إن الجزية التي فرضت على غير المسلمين في الدولة الإسلامية بموجب عقود الأمان التي وقعت معهم، إنما هي ضريبة دفاع عنهم في مقابل حمايتهم والدفاع عنهم من أي اعتداء خارجي، لإعفائهم من الاشتراك في الجيش الإسلامي حتى لا يدخلوا حربا يدافعون فيها عن دين لا يؤمنون به. ومع ذلك فإذا اختار غير المسلم أن ينضم إلى الجيش الإسلامي برضاه فإنه يعفي من دفع الجزية». ويتابع د. لوقا قوله: «إن الجزية كانت تأتي أيضا نظير التمتع بالخدمات العامة التي تقدمها الدولة للمواطنين مسلمين وغير مسلمين، والتي ينفق عليها من أموال الزكاة التي يدفعها المسلمون بصفتها ركنا من أركان الإسلام. وهذه الجزية لا تمثل إلا قدرا ضئيلا متواضعا لو قورنت بالضرائب الباهظة التي كانت تفرضها الدولة الرومانية على المسيحيين في مصر، ولا يعفى منها أحد.

في حيث أن أكثر من ٧٠% من الأقباط الأرثوذكس كانوا يعفون من دفع هذه الجزية. فقد كان يعفي من دفعها: القصر والنساء والشيوخ والعجزة وأصحاب الأمراض والرهبان».

جزية أهل الذمة (الضرائب):

أهل الذمة كان واجب عليهم ان يدفعوا الجزية - وهي شرط مركزي للذمة بشكل عام. ﴿قَٰتِلُوا۟ ٱلَّذِينَ لَا يُؤْمِنُونَ بِٱللَّهِ وَلَا بِٱلْيَوْمِ ٱلْءَاخِرِ وَلَا يُحَرِّمُونَ مَا حَرَّمَ ٱللَّهُ وَرَسُولُهُۥ وَلَا يَدِينُونَ دِينَ ٱلْحَقِّ مِنَ ٱلَّذِينَ أُوتُوا۟ ٱلْكِتَٰبَ حَتَّىٰ يُعْطُوا۟ ٱلْجِزْيَةَ عَن يَدٍ وَهُمْ صَٰغِرُونَ﴾ [التوبة: ٢٩] تقول أن الجزية يجب ان تأخذ من غير المسلمين كشرط لايقاف الجهاد. عدم دفع الجزية قد يؤدي إلى إلغاء عهد حماية حياة وممتلكات الذمي، وبهذا يواجه الذمي ان يتحول بدينه إلى الإسلام ، (أو أن يسجن، حسب ما قرر أبو يوسف، القاضي الأعلى - قاضي ديني - للخليفة العباسي هارون الرشيد وذلك فيما اذا رفض دفع الجزية) فاذا اعتنق الاسلام فرضت علية الزكاة.

السادس عشر: القــــرض:

القرض **لغة:** القطع، لأن المقرض يقطع شيئا من ماله يعطيه للمقترض. والقرض شرعا: دفع مال لمن ينتفع به، ثم يرد بدله إليه.

قرض حسن هو القرض المالي بدون أي فوائد بنكية.

شروط القرض الحسن:

الشرط المتفق عليه أن يكون معلوم القدر والوصف عند الاقتراض . ليتمكن من رد المثل .

مكان وفاء القرض: بالاتفاق يكون في البلد الذي تم فيه الإقراض (إلا إذا تم الاتفاق على تحديد مكان آخر) الشروط المختلف فيها اشتراط تحديد الأجل في القرض : (على قولين)

الأول : لا يجوز تحديد الأجل ، وللمقرض أن يطالب المقترض ببدل القرض متى شاء.(قول الجمهور عدا المالكية) علتهم: لأنه تبرع محض. لثاني : يجوز تحديد الأجل في القرض ويلزم الشرط (قول المالكية) واستدلوا بقوله تعالى: ﴿يَٰٓأَيُّهَا ٱلَّذِينَ ءَامَنُوٓاْ إِذَا تَدَايَنتُم بِدَيۡنٍ إِلَىٰٓ أَجَلٖ مُّسَمّٗى فَٱكۡتُبُوهُۚ﴾ (البقرة: ٢٨٢).

خدمات مصرفية أئتمانية:

يتم تنفيذها كعمليات استثمارية وهي بديلة للخدمات الأئمانية المحسوبة بالفائدة في البنوك العادية وهي:

المرابحة نوع من أنواع البيوع وهي بيع بضاعة بنفس السعر التي أشتراها بها البائع مع أضافة ربح معلوم بنسة من سعر الشراء أو مبلغ أضافي محدد مسبقا بناء على وعد بالشراء من العميل وهي تسمى المرابحة المصرفية وهي أن يوقع عقد بين من يريد شراء بضاعة و المؤسسة المصرفية الأسلامية حيث تقوم المؤسسة المصرفية بشراء البضاعة ومن ثم تضيف على الثمن الأصلي مبلغ أضافي كمصاريف أضافية ومن ثم تبيعها لمن يريد شراء البضاعة(العميل).

السابع عشر: الإجـــــارة:

وهو شراء العقارات السكنية أو التجارية بقصد تأجيرها لمستأجر لفتره معلومة متفق عليها ، وحسب التعريف الشرعي هي إجارة أعيان بعقد يراد به تمليك منفعة مشروعة معلومة لمدة معلومة بعوض مشروع معلوم .

الإجارة المنتهية بالتمليك وهو أن يقوم البنك بشراء عقار ومن ثم توقيع عقد أجارة منتهي بالتمليك مع مستأجر لمدة محددة عند أنتهاء هذة المدة يقوم المصرف بنقل ملكية العقار إلى المستأجر مع أعطاء خيار للمستأجر أن يمتلك العقار قبل أنتهاء المدة بأن يدفع مبالغ محدد كيفية حسابها عند توقيع العقد.

الإجارة الموصوفة بالذمة وهذا النوع شبية بالنوع السابق لكنة ليس في عقار و أنما أجار المنفعة لمنقولات مثل سيارة أو يخت موصوفة وصف دقيق يمنع الجهالة والأختلاف بين المصرف الأسلامي والعميل .

الثامن عشر: الاستصنـــــاع:

عقد الأستصناع هو عقد يبرم مع جهة مصنعة بحيث تتعهد بموجبه بصنع سلعة ما وفقا لشروط معينة هو شبية ببيع السلم ولكن يختلف عنة بأنة لا يدفع كامل المبلغ عند العقد و أنما ممكن دفع دفعة مقدمة.

حدثنا صدقة أخبرنا بن عيينة أخبرنا بن أبي نجيح عن عبد الله بن كثير عن أبي المنهال عن بن عباس رضى الله تعالى عنهما قال قدم النبي صلى الله عليه وسلم المدينة وهم يسلفون بالتمر السنتين والثلاث فقال من أسلف في شيء ففي كيل معلوم ووزن معلوم إلى أجل معلوم حدثنا علي حدثنا سفيان قال حدثني بن أبي نجيح وقال فليسلف في كيل معلوم إلى أجل معلوم حدثنا قتيبة حدثنا سفيان عن بن أبي نجيح عن عبد الله

بن كثير عن أبي المنهال قال سمعت بن عباس رضى الله تعالى عنهما يقول قدم النبي صلى الله عليه وسلم وقال في كيل معلوم ووزن معلوم إلى أجل معلوم حدثنا أبو الوليد حدثنا شعبة عن بن أبي المجالد وحدثنا يحيى حدثنا وكيع عن شعبة عن محمد بن أبي المجالد وحدثنا حفص بن عمر حدثنا شعبة قال أخبرني محمد أو عبد الله بن أبي المجالد قال اختلف عبد الله بن شداد بن الهاد وأبو بردة في السلف فبعثوني إلى بن أبي أوفى رضى الله تعالى عنه فسألته فقال إنا كنا نسلف على عهد رسول الله صلى الله عليه وسلم وأبي بكر وعمر في الحنطة والشعير والزبيب والتمر وسألت بن أبزى فقال مثل ذلك [رواه البخاري[(٧٢).

التاسع عشر: المضـــــاربة:

لغة: ضاربه- ولفلان- فى ماله: اتجر له فيه، أو اتجر فيه على أن له حصة معينة فى ربحه، كما فى الوسيط(٧٣)

والمضاربة والقراض اسمان لمسمى واحد، فالقراض لغة أهل الحجاز، والمضاربة لغة أهل العراق.

وشرعا: هى توكيل مالك يجعل ماله بيد آخر ليتجر فيه، والربح مشترك بينهما(٧٤).

والمضاربة جائزة شرعا، والأصل فى مشروعيتها عموم قوله تعالى: ﴿ **لَيْسَ عَلَيْكُمْ جُنَاحٌ أَن تَبْتَغُواْ فَضْلًا مِّن رَّبِّكُمْ** ﴾ (البقرة: ١٩٨). وفى المضاربة ابتغاء لفضل الله.

وقد روى عن عمر بن الخطاب رضي الله عنه أنه قسم ربح ابنيه فى المال الذى تسلفاه بالعراق فربحا فيه بالمدينة فجعله قراضا، عندما قال له رجل من أصحابه: لو جعلته

قراضا ففعل (٧٥).

وقد قال الإجماع على جواز المضاربة، فيقول الشوكاني بعد نقله لآثار عن الصحابة التي تدل على تعاملهم بالمضاربة: فهذه الآثار تدل على أن المضاربة كان الصحابة يتعاملون بها من غير نكير، فكان ذلك إجماعا منهم على الجواز (٧٦).

وللمضاربة أركان تقوم عليها، وهي:

١- الصيغة: فلابد من وجود إيجاب وقبول يفصح بهما الطرفان عن رغبتهما في التعاقد، كأن يقول شخص لآخر ضاربتك أو قارضتك أو عاملتك بألف جنيه على أن يكون الربح بيننا نصفين (٧٧).

٢- العاقدان: فالمضاربة لا تتم إلا بتلاقي إرادتين على إنشائها، وهما المضارب ورب المال، ويشترط فيهما أن يكون كل منهما أهلا للتعاقد، وهي أهلية التوكيل والوكالة (٧٨).

٣- رأس المال: وهو ما يدفعه رب المال للمضارب ليتجر فيه، ويشترط فيه أن يكون معلوما، وأن يكون نقدا رائجا، وأن يكون عينا لا دينا، وأن يسلم إلى المضارب (٧٩).

٤- العمل: وهو ما يقوم به المضارب من أعمال لتنمية رأس المال، ويشترط أن يختص المضارب بالعمل، فينفرد به دون صاحب رأس المال، فلا يجوز لرب المال أن يشترط عليه العمل معه، وتفسد المضاربة بهذا الشرط (٨٠).

ويرى الشافعية أن عمل المضارب مقيد بالأعمال التجارية فقط "أى البيع والشراء" فلا يجوز أن يشترط عليه العمل مع التجارة (٨١).

بينما ذهب الحنفية والمالكية والحنابلة إلى أن عمل المضارب غير مقيد بالبيع والشراء، فيجوز له أن يستأجر ويغرس وغير ذلك[٨٢].

٥- الربح: وهو ما زاد عن رأس مال المضاربة؛ نتيجة لعمل المضارب في ذلك المال واستثماره، فهو ثمرة لالتقاء رأس المال بالعمل البشري، لذا كان مشتركا بين العاقدين، رب المال مقابل ما قدمه من مال تحتاجه المضاربة، والمضارب لأنه قام بالعمل والاستثمار، والاشتراك في الربح هو الهدف من المضاربة، لذا فقد اهتم الفقهاء ببيان شروطه، والتي نوجزها فيما يلى: يشترط في الربح أن يكون مشتركا بين العاقدين، وأن يكون مختصا بهما، أى قاصرا عليهما لا يعدو الشريكين، وأن يكون نصيب كل منهما معلوما عند التعاقد، وأن يكون نسبة شائعة من جملة الربح، كنصف الربح أو ثلثه، ولا يجوز أن يحدد بمبلغ معين كمائة جنيه مثلا[٨٣].

وللمضارب في المضاربة خمسة أحوال:

١- فهو أمين كالوديع عند قبضه لرأس المال وقبل التصرف فيه، لأنه قبضه بإذن المالك لا على وجه البدل والوثيقة.

٢- وهو وكيل لرب المال بالتصرف في مال المضاربة، لأنه يتصرف في مال الغير بأمره.

٣- وهو شريك لرب المال في الربح عند تحققه.

٤- وهو أجير لرب المال إن فسدت المضاربة لأى سبب.

٥- وهو غاصب لمال المضاربة إن خالف شروط رب المال أو العمل في ما لا يملك فعله[٨٤].

وقد اتفق الفقهاء على أن المضارب أمين على ما بيده من مال المضاربة، فلا يضمن ما يصيبه من تلف أو خسارة إلا بتعديه أو تفريطه، شأنه شأن الوكيل. فإذا حصل تلف أو خسارة فى رأس المال بسبب تعد أو تفريط من المضارب، فإنه يكون مسئولا عنه ضامنا له[٨٥].

وذهب جمهور الفقهاء إلى أنه لا يجوز اشتراط الضمان على المضارب، وإذا اشترط فلا يصح.

ويملك المضارب بمقتضى عقد المضاربة العديد من التصرفات التى تعتبر من ضرورات التجارة أو لواحقها مما جرت به عادة التجارة، كالبيع والشراء والمقايضة، والتعامل بمختلف العملات، والبيع نسيئة،والإحالة وا لحوا لة، وا لرهن والارتهان والاستئجار.. إلخ[٨٦].

وتفسد المضاربة إذا فات ركن من أركانها، أو تخلف شرط من شروط صحتها، كما أنها تفسد إذا دخلها شرط مفسد، والشروط الفاسدة هى التى تنافى مقتضى العقد، أو تلك التى تعود بجهالة توزيع الربح ، او ان يشترط ما ليس من مصلحة العقد ولا مقتضاه[٨٧].

العشرون: الفديـــــة:

الفدية هي إطعام الفقراء والمساكين بقدر صاغ من الأطعمة الأساسية لكل يوم متروك. وهي أيضا عقاب على الفرد لأسباب معينة، أو لتأجيل قضاء صيام شهر رمضان عمدا قال الله تعالى: ﴿وَعَلَى ٱلَّذِينَ يُطِيقُونَهُۥ فِدْيَةٌ طَعَامُ مِسْكِينٍ فَمَن تَطَوَّعَ خَيْرًا فَهُوَ خَيْرٌ لَّهُۥ﴾ (البقرة: ١٨٤)

من مات وعليه ": وعن عائشة - رضي الله عنه ا- أن رسول الله - صلى الله عليه وسلم - قالصيام صام عنه وليه " وعن ابن عباس - رضي الله عنه ما- عن النبي - صلى الله عليه وسلم - أنه قال: "لا يصلي أحد " عن أحد، ولا يصوم أحد عن أحد، ولكن يطعم عنه مكان كل يوم مدا من حنطة.

أسباب الفدية:

١. الهرم والمرض وهم كبار السن غير القادرين على الصيام، أو المرضى الذين لا أمل لهم للعلاج، فلا حاجة لهم قضاء الصيام ولكن يجب عليهم الفدية بمقدار صاغ لكل يوم.

٢. المرأة الحامل ويشترط فيها الخوف على سلامة الجنين داخل رحمها، وعليها الفدية والقضاء معا.

٣. المرضعة ويشترط فيها الخوف على غذاء الطفل الذي قد يؤثر سلبيا نحو طفلها، وعليها الفدية والقضاء معا.

٤. المتوفي الأيام التي تركها المتوفي أثناء حياته لابد أن يدفع الوارث الفدية بدلا عنه حسب عدد الأيام التي تركها.

٥. تأجيل قضاء الصيام هناك من يأخر قضاء الصيام إلى السنة التالية، فعليه بإخراج فدية وقضاء الصيام، إذ أن الفدية تزداد من عام إلى عام.

مقدار الفدية؟

- مقدار الفدية لليوم الواحد المتروك هو صاع واحد من الأرز.

- من الممكن دفع الفدية عن طريق الصدقة للمحتاجين أو الاتصال بالجهات الخاصة لكل ولاية والسؤال عن كيفية الدفع وغيرها

الحادى والعشرون: الوقـــــف:

شروط و اركان الوقف حكمة و كيفية الوقف

الوقف هو الأموال الذي حبس عنها الواقف عن التصرف أو الانتفاع بها سواء في البيع أو الشراء، أو الوراثة، أو الهبة، أو الوصية مع بقاء عينه.

ويعتبر الوقف امتلاكية غير كاملة لأنها ملك العين (الموقوفة) لوجه الله تعالى أو حبسها على حكم الله تعالى. فالمنفعة من الوقف أو المحصول منه يعود إلى الموقوف عليه وهو الجهة أو الشخص المستحق بالوقف.

الوقف هو أعطاء أو هبة أو تسبيل منفعة ممتلك ما (نقدي أو عيني) بحيث يصرف من فوائده لتمويل أعمال خيرية متعددة في حدود الشرع.

إن الوقف قد يساعد في تطوير وتحسين اجتماعية الأمة واقتصاديتها، فقد يكون في إنشاء مشروع وقفي يتمثل في فنادق، ومراكز تجارية، ومشاريع خيرية؛ نحو بيت الأيتام، وبيت الحضانة وغيرها بحيث لا تخرج عن نطاق الشرع.

ومن الأدلة الشرعية التي تحث على الوقف:

قال تعالى: ﴿مَّثَلُ ٱلَّذِينَ يُنفِقُونَ أَمْوَٰلَهُمْ فِى سَبِيلِ ٱللَّهِ كَمَثَلِ حَبَّةٍ أَنۢبَتَتْ سَبْعَ سَنَابِلَ فِى كُلِّ سُنۢبُلَةٍ مِّاْئَةُ حَبَّةٍ ۗ وَٱللَّهُ يُضَٰعِفُ لِمَن يَشَآءُ ۗ وَٱللَّهُ وَٰسِعٌ عَلِيمٌ﴾ (البقرة: ٢٦١)

وفي الحديث مارواه أبو هريرة رضى الله عنه أن رسول الله صلى الله عليه وسلم قال (إذا مات الإنسان انقطع عنه عمله إلا من ثلاثة: صدقة جارية أو علم ينتفع به أو ولد صالح يدعو له).

وينقسم الوقف إلى قسمين هما :

وقـــف أهـــلي:

وهو ما تكون فيه المنفعة ابتداءا من الأقارب أو أفراد معينين من ذرية الموقوف عليه، نحو الابن والحفيد وغيرهم. كقوله مثلا: "إن جميع أموالي ستكون وقفا لأبنائي وأحفادي إلى مدى الزمن".

وقـــف خـــيري:

وهو ما تكون فيه المنفعة من أجل الخير فحسب. وينقسم الوقف الخيري إلى قسمين:

الوقف العام:

وهو الوقف الذي لا يعين لأي شخص، نحو وقف قطعة أرض ما لمنفعة العامة. فهذا النوع من الوقف ينبغي أن يكون تحت إدارة ورعاية ناظر الوقف، بحيث يقوم بإدارة الأرض، ورعايتها، وتدبيرها، وتطويرها لمصلحة العامة دون إي تحديد في الكيفية. وتقدم المنفعة لعامة الناس بكافة الأشكال الخيرية بحيث يدوم ثوابها على الواقف.

الوقف الخاص:

وهو الوقف الذي عينه الواقف لشخص معين أو لجهة معينة. نحو وقف بيت أو عمارة ما خاصة للأيتام، أو وقف سوق ما بحيث ينتفع من محصوله لتعمير مسجد أو مصلى أو مدرسة أو مقابر أو غيرها.

وينقسم الوقف العام إلى خمسة أنواع و هي:

وقف إرصاد:

وهو ما لا يكن من ممتلكه، فقد يكون هبة من الملك، أو قسمة من مصاريف بيت المال، أو أرض وقف من الحكومة لبناء مسجد، أو مصلى، أو مدرسة دينية، أو بيت الخير، أو بيت الأيتام، أو مقابر، أو غيرها.

وقف سهم:

وهو ما يكون على شكل أسهم في شركات تجارية أو في مشروع معين، بحيث يشتري الواقف تلك الأسهم وينفق ريعه على أوجه الخير المحددة وفقا للسهم وحسب رغبة الواقف.

سهم وقف:

وهو ما يكون عن إيجاد وقف مشترك عن طريق الأسهم وفق شروط محددة للوقف، أو إيجاد وقف بعد شراء الأسهم.

وقف مشترك :

وهو ما يكون عن دمج أو اشتراك نوعين من الأوقاف فأكثر، ومن ضمنها الوقف بالاستبدال وسهم وقف.

وقف مشاء :

وهو ما يكون عن الأموال والحقوق المشتركة التي لا يمكن تقسيمها.

شروط الوقف:

ينبغي أن يتصف الوقف بالديمومة دون تحديد وقت معين له. وإذا كان الوقف وقفا خاصا، فينبغي أن يذكر الواقف الهدف والقصد منها بصيغة واضحة، فلا يصح الوقف إذا لم يتضح ذلك. ويحكم الأخذ بالوقف مباشرة بعد ثباتها، ولا يجوز التراجع في القرار، أو تغيير الهدف من الوقف، أو وضع شروط في الانتفاع بالأعيان الموقوفة؛ إلا إذا نفذ الوقف عن وقف استبدال.

أركان الوقف:

أركان الوقف أربعة، وهي

الواقف.

الموقوف.

الموقوف عليه.

الصيغة.

شروط أركان الوقف

شروط الواقف:

كونه حرا، وبالغا، وعاقلا، وراضيا بالعين الموقوف.

وكونه مؤهلا للتصدق بأمواله وممتلكاته.

وكونه متطوعا في الوقف.

شروط الموقوف:

كونه على هيئة مادة ملموسة؛ نحو وقف بيت أو عمارة، فلا يجوز الأخذ والانتفاع بالأعيـان غـير الملموسة في الوقف.

وكونه ملكا للواقف، ويمكن الانتفاع به، ويمكن تغيير ملكيته.

وكونه مادة ديمومية الانتفاع.

وكونه لا يخرج عن نطاق الشرع.

شروط الموقوف عليه:

إما أن يكون مخصوصا لشخص أو أكثر.

وإما أن يكون غير مخصوص كأن يكون الوقف لمجموعة معينة، كالفقراء مثلا.

شروط الصيغة:

العقد هو الصيغة المفهومة أو الوثيقة المكتوبة لغرض الوقف، سـواء أكـان وقفـا عامـا أم خاصـا. كما أن صحة العقد شرط مهم لصحة الوقف.

وتنقسم صيغة الوقف إلى قسمي:

اللفظ الصريح: وهو اللفظ الصريح الذي يحمل معنى الوقف، نحو: "سـأجعل بيتـي هـذا وقفـا للفقراء".

لفظ الكناية: وهو اللفظ الذي يحتمل فيه معان مختلفة، نحو: "ممتلكـاتي كلهـا صـدقة للفقـراء والمحتاجين".

حكمة الوقف:

من حكم الوقف التي يمكن الاستفادة منها:

إظهار العبودية لله تعالى.

التقرب من الله.

ديمومة الأجر والثواب؛ في حياة الواقف وبعد مماته.

إشتراك المجتمع في المنفعة، نحو بناء مسجد أو مدرسة لإحياء الدين وخدمة العلم.

تثبيت قوة اتحاد الأمة الإسلامية.

كيفية الوقف:

للحصول على معلومات تفصيلية عن كيفية الوقف وما يتعلق به، يمكنكم الاتصال بالمؤسسة الإسلامية بالولاية المعنية (MAIN) للاستفسار. كما يمكنكم الحصول على عنوان المؤسسة من الصفحة الرئيسية لهذا الموقع.

لقد أسست وزارة إدارة الأوقاف والزكاة والحج (جوهر) لمساعدة المؤسسة الإسلامية للولاية(MAIN) في إدارة أراض الوقف وتدبيرها وتعميرها، وذلك بتمويل من الحكومة المركزية.

الثاني والعشرون: الصدقــــة :

الصدقة الجارية ما جعله الشخص لينتفع به مع بقاء عينه تقربا لله . كالأرض التي وقفها الشخص لتكون مسجدا ، فهذا الشخص له ثواب مستمر حتى لو مات . أو كالذي حفر بئر ماء وجعلها وقفا ليشرب منها الناس أو ينتفعوا بها لغير ذلك ، وكذلك الذي ألف مؤلفات نافعة للمسلمين له ثواب ما داموا يستفيدون مما ألفه

وكذلك ما تصدق بة لعمل مشروع لشخص ما يربح منة روى ابن ماجه وغيره أن رسول اللـه صلى اللـه عليه وسلم قال : إذا مات ابن آدم انقطع عمله إلا من ثلاث : صدقة جارية أو علم ينتفع به أو ولد صالح يدعو له " .

نسأل اللـه أن نكون من أصحاب الصدقات الجارية وأن يهبنا أولادا صلاحا يدعون ويستغفرون لنا إنه هو السميع المجيب الصدقة تجعل الملائكة تدعو بالخلف على المتصدق فتقول "اللـهم اعط منفقا خلفا"٠ الصدقة تنتصر على الشياطين ،قال صلى اللـه عليه وسلم "لايخرج رجل شيئا من الصدقة حتى يفك على لحييها سبعين شيطانا"٠

"الصدقة تعالج المرضى ،قال صلى اللـه عليه وسلم "داووا مرضاكم بالصدقة "الصدقة تطفئ غضب ربك ،قال صلى اللـه عليه وسلم "ان الصدقة لتطفئ غضب الرب "الصدقة تمحو خطاياك ،قال صلى اللـه عليه وسلم "الصدقة تطفئ الخطيئة كما يطفئ الماء النار "الصدقة تحمي عرضك وشرفك ،قال صلى اللـه عليه وسلم "ذبوا عن اعراضكم بأموالكم الصدقة تحسن ختامك ،قال صلى اللـه عليه وسلم "صنائع المعروف تقي مصارع السوء"، قال صلى اللـه عليه وسلم "ان الصدقة لتطفئ غضب الرب وتدفع ميتة السوء"٠ الصدقة ظلك من اللهب ،قال صلى اللـه عليه وسلم "كل امرئ في ظل صدقته حتى يقضي بين الناس" الصدقة تفك رهانك يوم القيامة ،قال صلى اللـه عليه وسلم "من فك رهان ميت (عليه الدين) فك اللـه رهانه يوم القيامة"٠ الصدقة سترك من النار ،قال صلى اللـه عليه وسلم "يا عائشة استتري من النار ولو بشق تمرة ،فأنها تسد من الجائع مسدها من الشبعان".

الثالث والعشرون: الـركــــاز:

لغة: قطع ذهب وفضة أو معدن تخرج من الأرض، وقال أهل العراق: الركاز: المعادن كلها، وقال أهل الحجاز: الركاز: كنوز الجاهلية، فأما المعادن فليست بركاز. قال أبو عبيد: وهذان القولان تحتملهما اللغة، لأن كلا منهما مركوز في الأرض أي ثابت، كما في اللسان ^(٨٨).

واصطلاحا: اختلف الفقهاء في حقيقته، فجمهور الفقهاء من المالكية والشافعية والحنابلة على أن الركاز هو ما وجد من دفن الجاهلية بأن توجد عليه آثارهم، أو يعثر عليه في قبورهم أو مبانيهم، وعلى هذا يختلف الركاز عن المعدن الذي هو جزء من الأرض.

بينما يذهب أبو حنيفة إلى أن الركاز يشمل ما وجد من دفن الجاهلية، أو ما استخرج من بـاطن الأرض من المعدن سواء كان جزءا منها، أو تكون فيها بفعل مؤثرات جيولوجيـة متنوعـة، فيوجـد علـى هيئة عروق ممتدة، فيقطع الجزء الخاص بالمعدن منها، ويصفي من خلال أجهزة معينة مما علق به من شوائب، ولا تخرج زكاته إلا بعد تصفيته، وقد أوجب في الجميع الخمس.

بينما أوجب الجمهور في الركاز، وهو ما وجد مـن دفـن الجاهليـة، الخمس لسـهولة اسـتخراجه وقلة تكاليفه خلافا للشافعي الذي أوجب فيه ربع العشر، وأوجبوا في المعدن ربع العشر، نظرا لكـثرة مـا ينفق على استخراجه وتصفيته من تكاليف.

أما ما وجدت عليه علامة أهل الإسلام، أو في المبـاني الإسـلامية، أو في طـرق المسـلمين المسـتعملة في حركتهم وتنقلاتهم، فإنه ليس بكنز جاهلي ولا يعطي حكم الركاز بل هو لقطة يجب أن تعـرف سـنة إن كانت قيمته ذات بال، وإلا فهو لواجده،

وقد ميز رسول الله صلى الله عليه وسلم بين هذين النوعين بحديثه الشريف "ما كان في طريق مأتي أو في قرية عامرة فعرفها سنة فإن جاء صاحبها، وإلا فلك، وما لم يكن في طريق مأتي ولا قرية عامرة، ففيه وفي الركاز الخمس" (رواه النسائي)[٨٩].

وهذا القدر الواجب إخراجه يجب على واجده أيا كان معتقده أو حاله، أي سواء كان مسلما أو ذميا، كان صغيرا أم كبيرا، عاقلا أو مجنونا. وهذا قول جمهور الفقهاء لعموم الحديث (وفي الركاز الخمس) خلافا للشافعي الذي أوجبه فقط على من تجب عليه الزكاة. على أن ما يخرج من القدر الواجب في المعدن والركاز لا يشترط فيه مرور الحول بل يخرج كل منهما بمجرد ا لعثور عليهما، وإمكانية الانتفاع بهما.وما بقى من الركاز بعد القدر الواجب فهو لواجده من مسلم، أو ذمى، أو غيرهما، شأنه شأن الغنيمة، بخلاف المعدن، فإنه بعد إخراج زكاته يكون لصاحب الأرض التي وجد فيها، إذ هو جزء منها عند جمهور الفقهاء. وإن كان بعض العلماء يرى أنها ملك الدولة وإن كانت هي التي ملكت الأرض التي وجد بها المعدن أو الركاز لبعض الأفراد أو الهيئات[٩٠].

الرابع والعشرون: النـــذور:

النذر هو التزام قربة غير لازمة من الشرع، كأن يقول: لله على صوم كذا. ولله أن أصلي كذا، والنذر عبادة من العبادات، وقد كان النذر موجودا قديما، فقد حكى الله نذر أم مريم عندما نذرت ما في بطنها فقال لله : ﴿ إِذْ قَالَتِ ٱمْرَأَتُ عِمْرَٰنَ رَبِّ إِنِّي نَذَرْتُ لَكَ مَا فِي بَطْنِي مُحَرَّرًا فَتَقَبَّلْ مِنِّيٓ إِنَّكَ أَنتَ ٱلسَّمِيعُ ٱلْعَلِيمُ ﴾ (آل عمران: ٣٥) .وقد أمر الله به مريم، حيث قال : ﴿ فَكُلِي وَٱشْرَبِي وَقَرِّي عَيْنًا فَإِمَّا تَرَيِنَّ مِنَ ٱلْبَشَرِ أَحَدًا فَقُولِيٓ إِنِّي نَذَرْتُ لِلرَّحْمَٰنِ صَوْمًا فَلَنْ أُكَلِّمَ ٱلْيَوْمَ إِنسِيًّا ﴾ (مريم :٢٦).

وقد جاء الإسلام ووجد المشركين ينذرون لآلهتهم، ويقدمون لها القرابين، فنهى عن ذلك وحرمه، قال تعالى: ﴿وَجَعَلُوا لِلَّهِ مِمَّا ذَرَأَ مِنَ الْحَرْثِ وَالْأَنْعَامِ نَصِيبًا فَقَالُوا هَٰذَا لِلَّهِ بِزَعْمِهِمْ وَهَٰذَا لِشُرَكَائِنَا ۖ فَمَا كَانَ لِشُرَكَائِهِمْ فَلَا يَصِلُ إِلَى اللَّهِ ۖ وَمَا كَانَ لِلَّهِ فَهُوَ يَصِلُ إِلَىٰ شُرَكَائِهِمْ ۗ سَاءَ مَا يَحْكُمُونَ﴾ (الأنعام: ١٣٦).

وقد شرع الإسلام النذر،وإن كان لا يستحب ؛ لما يقع فيه صاحب النذر أحيانا من عدم استطاعة الوفاء بالنذر، فعن ابن عمر أن النبي نهى عن النذر،وقال : (إنه لا يأتي بخير وإنما يستخرج به من البخيل) (متفق عليه) ومدح الله أولئك الذين يوفون بنذرهم، فقال تعالى: ﴿يُوفُونَ بِالنَّذْرِ وَيَخَافُونَ يَوْمًا كَانَ شَرُّهُ مُسْتَطِيرًا﴾ (الإنسان: ٧).

والنذر قد يكون مبهما غير معين، وقد يكون معينا، وهو على حالات: إما أن يكون قربة، فيجب الوفاء به، وإما أن يكون معصية، فيحرم الوفاء به. وإما أن يكون مكروها، فيكره أن يفي صاحبه به. وإما أن يكون مباحا، فيستوي الوفاء به وعمده ؛ لأنه في الحقيقة ليس بنذر كما قال العلماء، واستدلوا على ذلك أن النبي (نظر وهو يخطب إلى أعرابي قائم في الشمس، فقال : ما شأنك ؟ قال : نذرت أن لا أزال في الشمس حتى يفرغ رسول الله من الخطبة. فقال الرسول:(ليس هذا بنذر، إنما النذر فيما ابتغى به وجه الله) [أحمد].

النذر المطلق :

وهو النذر الذي ينذره صاحبه شكرا لله على حدوث نعمة، أو نجاة من مكروه،كأن يقول لله على أن أصوم كذا. وهذا النذر يجب الوفاء به.

النذر المقيد :

وهو النذر التي يتعلق بحدوث شرط، كأن يقول : لـلـه على صوم كذا إن شفي الـلـه مرضي. فـإن تحقق الشرط، وجب الوفاء بالنذر.

شروط النذر :

ويشترط للنذر العقل والبلوغ والإسلام، فلا يصح النذر من صبي أو مجنون أو غـير مسـلم، حتـى لو نذر ثم أسلم، لا يجب عليه الوفاء بنذره، لأن نذره في حالة كونـه فاقـدا لأهليـة النـذر، ولا يشـترط في النذر الحرية، فيصح النذر من العبد .

ويشترط في الشيء المنذور ما يلي :

١- أن يكون مقصور الوجوه في نفسه شرعا، فلا يصح النذور بصـوم الليـل، أو أيـام الحـيض للمـرأة مـثلا، لوجود المانع الشرعي.

٢- أن يكون قربة لـلـه. أما كونه قربة، لأنه لا يصح نذر المعصية، لما رواه عمرو بن شعيب عن أبيـه عـن جده عن النبـي قـال :(لا نـذر، ولا يمـين فـيما لا تملـك، ولا في معصـية) [رواه النسـائي أبـو داود]. ولقوله:(من نذر أن يطيـع الـلــه، فليطعـه، ومـن نـذر أن يعـص الـلــه ؛ فـلا يعصـه) [البخـاري وأحمد].أما كون النذر لـلـه، لأن النذر قد يكون قربة لكي لا يبتغي به وجه الـلـه، كالنذر للشـيخ أو الولي، إذ لا يجوز النذر للمخلـوق، لأن النـذر عبـادة، و الـلــه سـبحانه هـو الـذي يسـتحق العبـادة وحده، كما أن النذر لا يجوز لميت، لأن الميت لا عليه من أمره شيئا، بل إن ظن الناذر أن المنذور لـه سينفعه من دون الـلـه، فهو كفر بالـلـه والعياذ بالـلـه، أمـا إذا اعتقـد النـاذر أن النفـع والضرـ بيـد الـلـه، وإنما ينذر أن يقرب شيئا للفقراء الموجودين بباب الشيخ الفلاني ؛ فلا وجه للحرمـة، وإن كـان الأولى الابتعاد عن ذلك، وإن نذر إنسان التصدق على

شيخ معين وهو حي، فالنذر جائز، لأن ذلك من باب الإحسان على المحتاجين،وهو أمر حث عليه الإسلام .

٣- أن يكون المال المنذور به مملوكا للناذر وقت النذر،لأنه لا يصح أن ينذر الإنسان شيئا لا يملكه، لقول النبي (: (لا نذر في معصية الله، ولا فيما لا يملكه ابن آدم)[مسلم وأبو داود والنسائي].

٤- ألا يكون المنذور به فرضا سواء أكان ذلك الفرض عينيا أم كفائيا ؛لأن إيجاب ما هو واجب أمر لا يتصور.

الخامس والعشرون: الرضاع:

حق الصغير في الرضاع: للولد حق في الرضاع، وهو يجب على الأم شرعا، فإن قصرت في ذلك، تسأل عنه أمام الله، ولكن هل يجب عليها من ناحية القضاء؟ يرى المالكية أنه يجب على الأم إرضاع ولدها إذا كانت زوجة أو معتدة من طلاق رجعي، فلو امتنعت ولم يكن لها عذر في ذلك أجبرها القاضي، ويستثني من ذلك المرأة الشريفة إلا إذا كانت لاترضع، وقبل الولد الرضاعة من غيرها، واستدلوا بقوله تعالى : ﴿ وَٱلْوَٰلِدَٰتُ يُرْضِعْنَ أَوْلَٰدَهُنَّ حَوْلَيْنِ كَامِلَيْنِ ۖ لِمَنْ أَرَادَ أَن يُتِمَّ ٱلرَّضَاعَةَ ﴾[البقرة: ٢٣٣]. ولأن المطلقة طلاقا رجعيا لها النفقة على زوجها، فلا تأخذ أجرا على الرضاعة، بخلاف المطلقة طلاقا بائنا، فيصبح الإرضاع حقا في جانب الأب، يجب أن يستأجر من ترضع ولده، ولو كانت أمه، وقد ورد عن النبي صلي الله عليه وسلم قوله: (تقول لك المرأة: أنفق علي وإلا طلقني. ويقول لك العبد أطعمني واستعملني. ويقول لك ابنك: أنفق علي إلى من تكلني) [البخاري].ويرى الجمهور أن إرضاع الأم ولدها قضاء مندوب لا تجبر عليه؛ لأن قوله تعالى: ﴿ وَٱلْوَٰلِدَٰتُ يُرْضِعْنَ أَوْلَٰدَهُنَّ حَوْلَيْنِ كَامِلَيْنِ ۖ لِمَنْ

﴿أَرَادَ أَن يُتِمَّ ٱلرَّضَاعَةَۚ وَعَلَى ٱلْمَوْلُودِ لَهُۥ رِزْقُهُنَّ وَكِسْوَتُهُنَّ بِٱلْمَعْرُوفِۚ لَا تُكَلَّفُ نَفْسٌ إِلَّا وُسْعَهَاۚ لَا تُضَآرَّ وَٰلِدَةُۢ بِوَلَدِهَا وَلَا مَوْلُودٌ لَّهُۥ بِوَلَدِهِۦۚ وَعَلَى ٱلْوَارِثِ مِثْلُ ذَٰلِكَ﴾ [البقرة: ٢٣٣].أمر يدل على الندب والإرشاد للوالدات أن يرضعن أولادهن إذا لم يقبل الولد غير ثدي أمه. وجوب الإرضاع من الأم:

- أن يرفض الولد كل ثدي غير ثدي أمه، فيجب عليها إرضاعه، لإنقاذه من الهلاك.
- عدم وجود مرضعة غيرها ترضع ولدها.
- إذا كان الأب معدوما، أو فقيرا، لا يستطيع أن يستأجر له مرضعا.
- كما أوجب الشافعية على الأم إرضاع ولدها اللبن النازل أول الولادة، لحاجة الولد له خاصة، لأن تركه قد يؤدي إلى وفاته.

استئجار المرضع:

إذا امتنعت الأم عن الإرضاع، وجب على الأب أن يستأجر لولده من يرضعه، وعلى المستأجرة أن ترضعه في بيت أمه، لأن الحضانة حق لها، فإن امتنع الأب، طالبته أمه بدفع أجرة الإرضاع، ولا تأخذ هي الأجرة إلا إذا كانت طالقا طلاقا بائنا لا رجعة فيه، أو بعد انتهاء مدة العدة.

واجب المرضع وأجرها:

يجب على المرضع إرضاع الولد وما يجب عليها من أمور يحتمها العرف، مثل: إصلاح طعامه وخدمته؛ فإن أرضعته بلبن شاة فلا أجر لها، لأنها لم تفعل ما يجب عليها أصلا وهو الإرضاع. وتأخذ المرضع أجرا سواء كانت الأم أم غيرها إذا كانت مستحقة للأجر.

ما حرم بالرضاع:

ثبت التحريم بالرضاع بقول الله تعالى: ﴿وَأُمَّهَٰتُكُمُ ٱلَّٰتِيٓ أَرۡضَعۡنَكُمۡ وَأَخَوَٰتُكُم مِّنَ ٱلرَّضَٰعَةِ﴾ [النساء:٢٣]. ومما روت أم المؤمنين عائشة -رضى الله عنها- أن النبي صلى الله عليه وسلم قال: (إن الرضاعة تحرم ما تحرم الولادة)[متفق عليه]. وقد رفض رسول الله صلى الله عليه وسلم الزواج من ابنة عمه حمزة، فقال:"لا تحل لي، يحرم من الرضاع ما يحرم من النسب، وهي ابنة أخي من الرضاعة" [متفق عليه].

عدد الرضعات:

اختلف الفقهاء في عدد الرضعات التي تحرم علي أقوال:

١- يثب التحريم بثلاث رضعات، إلي ذلك ذهب أبو ثور، وأبو عبيد، وداود الظاهري وابن المنذر، واستدلوا علي ذلك بقول رسول الله ("لا تحرم المصة ولا المصتان"[مسلم والنسائي]

٢- تحرم عشر رضعات، إلي ذلك ذهبت حفصة بنت عمر زوج النبي (، قالت: "لا يحرم دون عشر رضعات"[البيهقي].

٣- يحرم القليل والكثير، وإليه ذهب علي وابن عباس، وسعيد ابن المسيب، والحسن البصري، ومكحول وغيرهم، وهو رواية عن الإمام أحمد.

٤- التحريم بخمس رضعات فصاعدا، وهذا رأي عائشة، وابن مسعود، وابن الزبير، وعطاء والحارس، وهو قول الشافعي، وهو المختار لدي المحققين من الأئمة، واستدلوا علي ذلك بما يلي:

١- قول عائشة رضي الله عنه ا:"كان فيما أنزل من القرآن، عشر رضعات معلومات يحرمن، ثم نسخن بخمس معلومات، فتوفي رسول الله (وهن مما يقرأن من القرآن"[مسلم ومالك]

٢- كان أبو حذيفة قد تبنى سالما، ثم حرم الله التبني، فلما كبر سالم، كان يدخل علي زوجة أبي حذيفة، وقد تكون كاشفة رأسها، فكانت تتحرج من ذلك، فذهبت إلي النبي (وقالت له: يارسول الله، كنا نري سالما ولدا يأوي معي ومع أبي حذيفة، ويراني فضلي (أي متبذلة في ثيابها أو كاشفة رأسها)، وقد أنزل الله عز وجل فيهم ما قد علمت، فقال (:"أرعيه خمس رضعات". فكان بمنزلة ولدها من الرضاعة [مالك وأحمد].

المدة التي تحرم بالرضاع:

تعددت آراء العلماء حول تقدير المدة التي يقتضي الرضاع فيها التحريم، وهي:

الأول: لا يحرم منه إلا ما كان في الحولين، وإليه ذهب عمر، وابن عباس وابن مسعود والشافعي وأبو حذيفة ومالك وغيرهم.

الثاني: ما كان قبل الفطام، وإليه ذهبت أم سلمة والحسن والزهري والأوزاعي وغيرهم.

الثالث: الصغر يقتضي التحريم، وهو قول أمهات المؤمنين عدا عائشة، وابن عمرو، وسعيد بن المسيب.

الرابع: ثلاثون شهرا، وهو رواية عن أبي حنيفة وزفر تلميذه.

الخامس: في الحولين وما قاربهما، وهو رواية عن مالك.

السادس: ثلاث سنين، وهو رأي الحسن بن صالح وجماعة من الكوفة.

السابع: سبع سنين، وهو رأي عمر بن عبدالعزيز.

الثامن: عاما واثنا عشر يوما، وهو رأي ربيعة.

التاسع: الرضاع يعتبر فيه الصغر إلا فيما دعت إليه الحاجة، مثل رضاع الكبير الذي لا تستغني المرأة عن دخوله عليها، ويشق احتجابها منه، وهو رأي الإمام ابن تيمية والمختار لدي الإمام الشوكاني وهذا الرأي الأخير هو الراجح، لأنه يجمع بين الأحاديث، وقد جعل قصة سالم مخصصة لعموم الأحاديث الأخري، مثل:"لا يحرم من الرضاع إلا ما فتق الأمعاء في الثدي، وكان قبل الفطام"[الترمذي].

شروط الرضاع للزواج:

يشترط في الرضاع ليكون محرما للزواج ما يلي:

١- أن يكون لبن آدمية ولو ميتة، فلو رضع رجل وامرأة من بهيمة، يحل لهما الزواج، ولو رضعت المرأة في إناء ثم ماتت، يثبت التحريم، لأن اللبن لا يموت، ومنه يكون اللحم.

٢- أن يكون الإرضاع من طريق الفم.

٣- ألا يخلط اللبن بغيره، خلطا يغيره، فإن غيره لم يحرمه، وإن غلب اللبن علي الشيء الذي خالطه، كان في حكم اللبن، فيحرم.

٤- أن يصل اللبن إلي معدة الرضيع حتى يحصل التغذي به.

٥- أن يكون الرضاع في حالة الصغر، إلا ما كان من رضاع الكبير الذي لا تستغني المرأة عن دخوله عليها، لحديث سهلة بنت سهيل، وهو حديث صحيح، وبذا يجمع بين الأحاديث كما رأي ابن تيمية - رضي الله عنه -.

طرق إثبات الرضاع:

يثبت الرضاع من خلال أمرين: "الإقرار، والبينة الإقرار" إذا أقر كل من الزوجين بالرضاع، أو أقر الرجل دون المرأة، أو أقرت المرأة ثم وافقها الرجل، فلا يحل لهما الزواج، وإن تم الإقرار بعد الزواج يفسخ العقد، ويترتب عليه ما يترتب علي الفسخ من آثار. ولا يعترف بإقرار المرأة بعد الزواج إذا خالفها الزوج"البينة" وطريقها الإخبار في مجلس القضاء بثبوت الرضاعة بين زوجين، ويكون إثبات لرضاع بشهادة رجلين ورجل وامرأتين، وقد قال عمر بن الخطاب - رضي الله عنه -:"لا يقبل علي الرضاع أقل من شاهدين"، وكان ما قاله في وجود الصحابة- رضوان الله عليهم-، ولم ينكر عليه أحد منهم، فكان بمكانة الإجماع. وقال الشافعي: "يثبت الرضاع بشهادة أربع نسوة، لاختصاص النساء بالاطلاع عليه غالبا، كالولادة، ولا يثبت بدون أربع نسوة"، لأن كل امرأتين بمثابة رجل، وتقبل شهادة أم الزوجة وبنتها مع غيرهما حسبة بدون تقديم دعوى.

السادس والعشرون: إحياء الموات:

مشروعية إحياء الموات:

شرع الإسلام إحياء الموات واستصلاح الأراضي وتعميرها؛ لأن في ذلك مصلحة للفرد والمجتمع، حيث يستفيد الأفراد من زراعة الأرض ومن السكن فيها، وحيث يزداد الإنتاج الزراعي فيكفل للمجتمع الحياة الرغدة، ويساعد علي التغلب

على بعض المشاكل التي يمكن أن يعاني منها كمشكلة التضخم السكاني ومشكلة الغذاء ومشكلة الأيدي العاملة، فاتساع الأراضي المزروعة يستلزم عاملة كثيرة. ويختلف إحياء الأرض عن إقطاعها لشخص، فإحياء الأرض هو أخذ هذه الأرض بقصد استصلاحها، وبعد الاستصلاح تصير هذه الأرض ملكا لمستصلحها، ولا يجوز انتزاعها منه أو التعدي عليها. سواء كان هذا الاستصلاح بإذن الحاكم أم بغير إذنه، فالإحياء سبب الملكية. أما الإقطاع فهو أن يقطع الحاكم العادل بعض الأفراد من الأرض الميتة والمعادن أو المياه للمصلحة، وقد أقطع رسول الله (الصحابة، وأقطع من بعده الخلفاء الراشدون - رضي الله عنه م-. فعن عمرو بن دينار قال: لما قدم النبي (أقطع أبا بكر وأقطع عمر بن الخطاب - رضي الله عنه ما-. ولا يجوز للحاكم أن يقطع أحدا إلا ما يقدر على إحيائه، لأن في إقطاعه أكثر من ذلك تضييقا على المسلمين. وإقطاع الأرض لا يعني تملكها، وإنما يعني أن لمن أقطعت له الحق في الانتفاع بها وإن شاء الإمام أن يستردها في أي وقت جاز له ذلك مصلحة يراها. وقد حث النبي (على تعمير الأراضي واستصلاحها، فقال:"من أحيا أرضا ميتة فهي له" [البخاري].

وقال: "من أعمر أرضا ليست لأحد فهو أحق بها" [البخاري وأحمد والبيهقي].

ويشترط لاستصلاح الأرض ما يأتي:

١- أن تكون الأرض في بلاد المسلمين: فإن كانت بلاد غير المسلمين فلا يحق استصلاحها إلا بإذن أهل هذه البلاد.

٢- ألا تكون الأرض المراد إحياؤها ملكا لأحد: مسلما كان أو غير مسلم، فإذا تبين له بعد ذلك ملكيتها لأحد من الناس، فعليه أن يطلب منه مقابل استصلاحها أو يشتريها من صاحبها.

٣- ألا تكون الأرض قريبة من العمران: فلا تكون مرفقا من مرافقه. كالشوارع والحدائق والنوادي التي يجتمع فيها الناس وغير ذلك.

٤- أن يكون الاستصلاح بإذن الحاكم أو نائبه: اتفق الفقهاء علي أن الإحياء سبب الملكية، ولكنهم اختلفوا في اشتراط إذن الحاكم، وأكثر العلماء علي أن من أحيا أرضا فهي له ولورثته من بعده، وعلي الحاكم أن يسلم بملكيتها له، ولا يجوز له انتزاعها منه أو التعدي عليها، وذلك لقول رسول الله (فيما رواه عنه جابر بن عبد الله:"من أحيا أرضا ميتة فهي له"[البخاري]. فإذا توفرت هذه الشروط كان للرجل أن يبدأ في استصلاح الأرض والانتفاع بها وبما حولها من المرافق التي يحتاج إليها. ولا بد من توفر النية لاستصلاح الأرض الموات لدي الراغب في الاستصلاح، والنية لا تتأكد بمجرد أن يقوم بتنقية الأرض من العشب والحشائش مثلا وإنما تتأكد بزراعة الأرض أو بالبناء عليها أو ما شابه ذلك.

وإذا ترك المستصلح الأرض ثلاث سنوات دون استصلاح؛ انتزعت منه، فقد أعطي النبي لقوم من جهينة أو مزينة (قبيلتان) قطعة أرض، فلم يستصلحوها، فجاء قوم آخرون فاستصلحوها. فتخاصموا إلي عمر بن الخطاب - رضي الله عنه - فقال: لو كانت مني أو من أبي بكر لرددتها (أخذتها)، ولكنها قطيعة (عطية)رسول الله (ثم قال: من كانت له أرض ثم تركها ثلاث سنين فلم يعمرها وعمرها قوم آخرون فهم

أحق بها. وإن كانت الأرض التي أخذها المستصلح كبيرة فلم يستطع استصلاحها كلها؛ أخذ منه ما لم يستطع استصلاحه، وترك له ما استصلحه. فقد روي عن بلال بن الحارث أن رسول الله أقطعه العقيق (وادي بالمدينة المنورة) أجمع، فلما كان زمان عمر بن الخطاب قال لبلال: إن رسول الله (لم يقطعك؛ لتحتجزه عن الناس، إنما أقطعك لتعمل، فخذ منها ما قدرت علي عمارته، ورد الباقي.[البيهقي].

السابع والعشرون: المساقـــــــاة:

مشروعية المساقاة:

ولم ترد تسمية المساقاة في القرآن والسنة، وقد شرعها الله لما فيها من مصلحة للمالك والمساقي، فقد ورد عن أبي هريرة: أن الأنصار قالت للنبي (أقسم بيننا وبين إخواننا المهاجرين النخيل.قال (:"لا". فقالوا: تكفونا المؤونة (العمل)، ونشرككم في الثمرة؟ قالوا: سمعنا وأطعنا. [البخاري]. فقد وافق الرسول (علي أن يرعي المهاجرون نخيل إخوانهم الأنصار، في مقابل أن يأخذوا نصف ثماره، وهذه مساقاة.

شروط صحة المساقاة:

هناك شروط لصحة المساقاة، وهي:

١- أن يكون الشجر الذي سيقوم المساقي برعايته معلوما؛ لأنه لا يصح أن يتعاقد رجلان علي شيء مجهول.

٢- أن تحدد المدة التي سيقوم المساقي فيها برعاية الشجر.

٣- أن يتم الاتفاق بين صاحب الشجر والمساقي قبل نضج الثمار

٤- أن يحدد نصيب المساقي قبل البدء في رعاية الشجر، كأن يتفقان علي أن يأخذ المساقي النصف أو الربع.

ما تكون فيه المساقاة وما يقوم به المساقي:

تجوز المساقاة في كل ما يحتاج إلي رعاية من سقي وتطهير من الحشائش وغيرها مثل النخيل والكروم وغيرهما.. ويقوم العامل بسقي الأشجار وتطهيرها من كل ما يضر بها من حشائش وحشرات ضارة، والمحافظة علي الثمار وقطفها بعد نضجها.ويتحمل العامل كل ما يحتاج إليه من أدوات رش الحشرات والمبيدات، وثمن السقي وغير ذلك، إلا إذا تطوع المالك بالمساعدة معه بأي شيء فله ذلك.

عجز العامل(المساقي) عن القيام برعاية الأشجار بنفسه: إذا لم يستطع المساقي أن يقوم برعاية الأشجار بنفسه لمرض أو سفر مفاجئ، وكان المالك قد اشترط عليه أن يرعي الزرع بنفسه؛ بطل الاتفاق الذي بينهما، وإذا لم يكن المالك قد اشترط عليه ذلك؛ جاز له أن يستأجر من يقوم برعاية الأشجار بدلا عنه.

موت المالك:

إذا مات المالك حل ورثته محله، وتستمر المساقاة حتى تنتهي المدة المتفق عليها، ويأخذ المساقي نصيبه.

موت المساقي:

إذا مات المساقي قام ورثته برعاية الشجر بدلا عنه، ويأخذون نصيب أبيهم في الثمار، وإذا رفضوا العمل مكان أبيهم في رعاية الثمار فللمالك أو ورثته أن يتخذ أحد المواقف التالية:

١- قطع الثمار بعد نضجها وتقسيمها حسب الذي كان بين المساقي والمالك وإعطاء ورثة المساقي نصيب أبيهم.

٢- أن يعطي ورثة المساقي -في الحال- قيمة نصيب أبيهم من الثمر وهو ناضج مالا.وفي النهاية عند نضج الثمار، توزع الثمار بين المالك والمساقي حسب الاتفاق الذي بينهما.

فسخ المساقاة:

تنفسخ المساقاة إذا مات أحد المتعاقدين، ويري الشافعي أنه يجوز للوارث إتمام العمل. والأولى أنه إذا مات أحد المتعاقدين انفسخ العقد، لأنه عقد عمل أساسه المهارة، كما أن أساس العقد الأمانة والرضا بين الطرفين أو ربما لا تتوفر في الورثة. وينفسخ العقد في حياة المتعاقدين إذا ظهر عدم الأمانة، كما ينفسخ بانقضاء المدة المتفق عليها.

عمل السقا:

يلحق بالمساقاة عمل (السقا)، وهو نقل الماء من مصادره المباحة إلي المنازل، بغرض الانتفاع به نظير أجر حمل الماء ونقله لا بيعه، لأن الماء مملوك لجماعة المسلمين، وهذا العمل يدخل ضمن المساقاة من باب القياس.

الثامن والعشرون: الحوالــــــة:

هي انتقال الدين من ذمة المدين إلي ذمة الملتزم بدفعه فتسمي بـ(الحوالة) أو الإحالة، وذلك بأن يكون لإنسان علي آخر دين، ويكون هذا المدين له دين علي رجل ثالث، فيقول الذي له عليه دين لي دين عند فلان، فيحيله عليه، فإن وافق المحيل، انتقل الدين من علي الذي نقل الدين إلي من هو له دين عنده.وقد أجاز الإسلام الحوالة

لأن فيها رحمة بالمدين، فربما يكون المدين غير قادر علي سداد الدين فيدفعه عنه غيره، ولأن الدائن يحصل علي حقه، ولا يضيع عليه بعدم قدرة المدين علي السداد، ولذلك يستحب للدائن قبول الحوالة. قال (:"مطل الغني ظلم، وإذا أتبع أحدكم علي ملي فليتبع" [متفق عليه] والملي: هو الثري أو الغني، والمقصود بقوله (إذا أتبع أحدكم علي ملي فليتبع) أي: أنه إذا أحيل الدائن علي ثري قادر علي سداد الدين فليقبل.

ولصحة الحوالة شروط هي:

١- أن يكون كل من المحيل والمحال عليه ممن لهم أهلية التصرف، فلا يكون أحدهم مجنونا أو صبيا صغيرا.

٢- رضا المحيل دون المحال والمحال عليه: فإن أكره أحدهما علي الإحالة كانت غير صحيحة. ويشترط بعض الفقهاء رضا المحال عليه خاصة إذا كان عليه دين للمحيل.

٣- أن يكون المحال عليه غنيا حتى يستطيع سداد الدين.

٤- أن يتماثل ما سيأخذه المحال من المحال عليه مع الدين الذي علي المحيل في النوع والمقدار والجودة. فإذا كان الدين عشرة جرامات من الذهب عيار واحد وعشرين، وجب أن يعطي المحال عليه للدائن عشرة جرامات من الذهب عيار واحد وعشرين، فلا يعطيه خمسة جرامات أو يعطيه فضة أو يعطيه ذهبا عيار ثمانية عشر إلا أن يتفق المحال عليه مع المحال، علي أن يعطيه ما يعادل الدين، كأن يعطيه قيمة الدين نقدا، أو شيئا في نفس قيمة الدين.

فإذا استوفت الحوالة هذه الشروط يكون المحيل (المدين) بذلك قد وفى المحال (الدائن) حقه مادام قد رضي بها، ولا يحق له الرجوع للمحيل ومطالبته بالدين عند جمهور الفقهاء فإذا مات المحال عليه قبل أن يوفي المحيل حقه، أو أفلس ولم يعد لديه المال لسداد الدين، أو أنكر الحوالة ولم يكن للمحال دليل علي الحوالة أو اكتشف المحال أن المحال عليه فقير أو غير قادر علي سداد الدين، وأن المحيل (المدين) قد خدعه، كان للمحال (الدائن) حق الرجوع إلى المحيل ومطالبته بالدين عند بعض الفقهاء.

التاسع والعشرون: الشفعة:

تعريف حق الشفعة:

الشفعة هي حق الشريك في شراء نصيب شريكه فيما هو قابل للقسمة، حتى لا يلحق الشريك ضرر.

وإن كان هناك شركاء كثيرون اشتركوا جميعا في هذا الحق، فلا يجوز البيع لأحدهم دون الباقين.

مشروعية الشفعة:

والشفعة جائزة، فقد ورد عن جابر - رضي الله عنه - قال: قضي النبي (بالشفعة في كل شركة تقسم: ربعة (منزل)، أو حائط (بستان)، لا يحل له (للشريك) أن يبيع (نصيبه) حتى يؤذن (يعلم) شريكه، فإن شاء أخذ، وإن شاء ترك، فإن باع ولم يؤذنه فهو أحق به [مسلم].

حكم استئذان الشريك قبل البيع:

واستئذان الشريك قبل البيع واجب، وقيل: مستحب. وقيل: إن عدم إعلامه مكروه، بل إن للحاكم الحق في القضاء بالشفعة من الشركاء للشفيع إذا لجأ إليه.

من تحـق لـه الشـفعة: يـري جمهور الفقهـاء: أن الشـفعة تحـق للمسـلم والـذمي (اليهـودي والنصراني)، الذي يكون بينه وبين المسـلمين عهد أو أمـان، ورأي بعـض الفقهـاء أنـه لا تجـوز الشـفعة للنصارى، قال رسول اللـه (: "لا شفعة لنصراني"[الدار قطني].

شروط الشفعة:

١- أن يكون الشفيع شريكا في المشفوع منه، وأن تكون الشركة لم تقسم.

٢- ألا تكون الشفعة في منقول كالثياب والحيوان، وإنمـا تكـون في المشـاع مـن أرض ودور، لأن في المشـاع يتصور الضرر.

الشفعة بعد تقسيم الشركة:

إذا قسمت الشركة فللفقهاء آراء في جواز الشفعة.

فمنهم من قال: إذا قسمت الشركة، ووضعت الحدود، وعلم كل منهم حقه، فلا شفعة. واستدلوا علي ذلك بقول جابر - رضي اللـه عنه -: قضي النبي (بالشفعة مـن كـل مـا لم يقسـم، فـإذا وقعـت الحدود، وصرفت الطرق فلا شفعة.[الجماعة إلا مسلما].

وقال بعض الفقهاء تجوز الشفعة للشريك بعد تقسـيم التركة بشـرط أن يكـون قـد بقـي شـيء، ويشتركان في الانتفاع به بعد التقسيم.

وفريق ثالث من الفقهاء قال: إنه تجوز الشفعة للجار الملاصق، واستدلوا بقول رسـول اللـه (:"جار الدار أحق بدار الجار أو الأرض"[أبو داود والترمذي].

مطالبة الشريك بحق الشفعة بعد البيع لغيره وهو يعلم.

وإذا باع الشريك نصيبه لغير شريكه، علم الشريك لكنه سكت ثم جاء بعد مدة وطالب حق الشفعة، فلا شفعة له، وقال آخرون: إن حقه لا يسقط في الشفعة، ولو مرت سنوات عديدة. وإذا عرض الشفيع على شريكه مبلغا أقل:

ومن شروط الشفعة ألا يشتري الشفيع بثمن أقل من الثمن المعروض بالأسواق، فإذا باع الرجل نصيبه بثمن ما، ثم جاء شريكه يطالب بحق الشفعة، فيلزمه أن يشتري بالثمن الذي عرضه أو يزيد عليه.

وإذا عجز الشفيع عن شراء نصيب شريكه، دفع الثمن بالتقسيط أو يؤخره شريكه حتى يستطيع السداد، فإن عجز عن ذلك أيضا؛ سقط حقه في الشفعة.

سقوط حق الشفيع في الشفعة:

يسقط حق الشفيع في الشفعة إذا أراد شراء جزء من نصيب الشركة فقط، لأنه من شروط الشفعة أن يشتري الشفيع المشفوع فيه كله، كما يسقط حقه إذا قال شريكه إنه ليس له رغبة في شراء نصيبه. وكذلك يسقط حق الشفعة إذا مات الشفيع، وبالتالي لا يجوز لورثته أن يطالبوا بالشفعة إلا إذا كان الشفيع قد طالب بحقه في الشفعة؛ قبل موته فتجب له، وذلك لأن عقد الشركة ينتهي بموت أحد الشريكين، فينتهي تبعا له حق الشفعة لأنه سبحانه جعل هذا الحق للشفيع بالاختيار والاختيار لا يورث. وحق الشفعة لا يباع ولا يوهب، فليس له من وجبت الشفعة أن يبيعها أو يهبها، لأن البيع والهبة منه فينفي هدف الشفعة وهو الضرر الذي يلحق به.

ما تكون فيه الشفعة:

تعددت آراء الفقهاء فيما تكون فيه الشفعة، فمنهم من رأي أنها تكون في العقارات فقط، مثل: الدار، والأرض ونحو ذلك، وذلك لما روي عن جابر - رضي الله عنه - أن النبي (قضي بالشفعة في كل شركة لم تقسم: ربعة أو حائط. [مسلم]. والربعة هي المنزل، والحائط هو البستان. ورأي بعض الفقهاء أن الشفعة تكون في كل شيء لقول رسول الله ؟ كشرك في أرض، أو ربع، أو حائط، لا يصلح له أن يبيع حتى يعرض علي شريكه، فيأخذ أو يدع، فإن أبي فشريكه أحق به حتى يؤذنه [مسلم وأبو داود والنسائي].

وهناك من قال إن الشفعة تكون في الموهوب بدون عوض (الهدايا) وفي الموروث، وفي الموصي به.

الثلاثون: الوكالة:

هي أن يستنيب شخص من ينوب عنه في أمر من أمور التي يجوز فيها النيابة، كالبيع والشراء وغير ذلك. حكي لنا القرآن أمثلة من القرآن أن يوسف - عليه السلام- خاطب ملك مصر وقال له:﴿ قَالَ ٱجْعَلْنِي عَلَىٰ خَزَآئِنِ ٱلْأَرْضِ إِنِّي حَفِيظٌ عَلِيمٌ ﴾.[يوسف: ٥٥]. أي اجعلني وكيلا لك في إدارة أموال البلاد. وقد بعث رسول الله (أبا رافع ورجلا من الأنصار، فزوجاه من السيدة ميمونة بنت الحارث -رضي الله عنه ا-[مالك].وقد وكل الرسول (أنسا لتحقيق أمر المرأة التي زنت مع أجيرها حتى يقام عليها الحد إن ثبت هذا الأمر، فقال له النبي (:"اغد يا أنس إلي امرأة هذا، فإن اعترفت فارجمها"[البخاري].مشروعية الوكالة: أجاز الإسلام الوكالة، فليس كل إنسان

قادرا علي أن يباشر أعماله كلها بنفسه، فيحتاج إلي تفويض أو توكيل أحد يقوم ببعضها نيابة عنه.

شروط صحة الوكالة:

١- أن يكون كل من الموكل والوكيل أهلا للتصرف: بحيث يستطيع كل واحد منها تمييز الأمور، وأن يكون كل منهما عاقلا غير مجنون.

٢- أن يكون الشيء الموكل فيه ملكا للموكل ومعلوما: بمعني أن يحدد ما سيقوم بعمله، كأن يطلب منه شراء قميص، فيقول له: اشتر لي قميصا مثلا أو بنطلونا أو غير ذلك

٣- أن تكون الوكالة في الأمور التي يجوز فيها الإناب: أي في الأمور المباحة، كإثبات حق الموكل أمام القضاء إن كان الوكيل محاميا، وفي حضور الاجتماعات، وفي إدارة أموال الموكل وفي بعض العقود كالزواج، أو الرهن، أو التأجير، أو بعض العبادات المالية كالحج، والصدقة، والزكاة، كما تصح في إقامة الحدود. وهناك أمور لا تجوز فيها الإنابة أو الوكالة، ويجب علي الموكل أن يقوم بها بنفسه مثل :الحلف باليمين، العبادت البدنية كالصلاة، والصوم وغير ذلك.

أنواع الوكالـــة:

والوكالة نوعان؛ إما مطلقة وإما مقيدة: فإذا قال الموكل لوكيله اشتر لي قميصا، ولم يبين له لونه، أو لم يحدد له ثمنه، أو متي يشتريه له؛ يكون ذلك وكالة مطلقة. وعلي الوكيل أن يشتري لموكله ما يعتقد أنه يناسبه، وأن يشتريه بسعر السوق، فلا يدفع في الشيء أكثر من حقه، فإن فعل ذلك كان للموكل الحق في عدم نفاذ الشراء وإلزام الوكيل بما اشتراه.

وأما إذا قال الوكيل لموكله: اشتر لي قميصا لونه أحمر، أو ثمنه عشرة جنيهات، فهنا يكون الموكل قد أناب الوكيل إنابة مقيدة، لأنه حدد الثمن واللون، ولا يحل للوكيل أن يخالف أمر موكله إلا إذا وجد له قميصا بنفس الصفات المطلوبة، ولكنه أرخص منه مثلا، كأن يجده بثمانية جنيهات، فيفضله علي نظيره الذي ثمنه عشرة جنيهات، فقد أعطي النبي (عروة البارقي دينارا يشتري به شاة، فساوم البائع، واشتري منه شاتين بدينار، ثم باع إحداهما بدينار، وجاء بالشاة والدينار إلي رسول الله (فذكر له ما كان من أمره فدعا له الرسول ("بارك الله لك في صفقة يمينك"[الترمذي].

وإذا نفذ الوكيل ما أراده الموكل دون تعد منه؛ ألزم الموكل بالشيء الذي وكله فيه.

ما يجب علي الوكيل:

علي الوكيل أن يكون أمينا علي الشيء الموكل به، فلا يفرط فيه إن كان مالا مثلا وإلا وجب عليه التعويض لموكله. كذلك لا يجوز اعتراف الوكيل عن موكله في الأمور التي فيها حدود أو قصاص، فلا يجوز له أن يقول: اعترف نيابة عن موكلي بأنه قام بالقتل مثلا أو السرقة.

فسخ عقد الوكالة:

للموكل والوكيل الحق في فسخ الوكالة متي شاء أحدهما ذلك.

متي ينتهي عقد الوكالة ؟

١- إذا مات الموكل أو الوكيل أو أصيب أحدهما بالجنون.

٢- إذا عزل الموكل وكيله عن الإنابة عنه، أو عزل الوكيل نفسه.

٣- أن ينتهي العمل الذي أسنده الموكل إلي وكيله. فانتهاء العمل معناه انتهاء الوكالة التي بينهما.

٤- أن يصبح الموكل غير مالك للشيء الذي وكل فيه غيره فإن كان الموكل صاحب شركة مثلا، ووكل غيره لإداراتها، ثم بيعت الشركة ولم يعد الموكل صاحبا لها. هنا تنتهي وكالة غيره بإدارة الشركة.

وتصح الوكالة مقابل أجر، ويشترط فيها تحديد الأجرة، وبيان العمل الذي يقوم به الموكل.

الحادي والثلاثون: الوديعــــة:

الوديعة هي ما يودع من مال وغيره لدي من يحفظه. حث الإسلام علي حفظ الوديعة ورد الأمانة؛ لأن ذلك يشيع الأمان والثقة بين الناس، فيثق الرجل في الرجل فيأتمنه علي ماله أو غيره دون خوف أو قلق، ويترتب علي هذه الثقة شيوع المحبة.

مشروعية الوديعة:

أجاز الإسلام قبول الأمانة ما دام المؤتمن قادرا علي حفظها، مقتديا في ذلك برسول اللـه (، فقـد كان (يقبل الأمانة حتى لقب بـ (الأمين)، بل بلغ بـه الأمـر في حفـظ الأمانة أنه رغـم علمـه أن قريشا تتربص به لتقتله -ليلة هجرته إلي المدينة- لم يكن ليتساهل في الودائع التي كانت عنده، فطلب من علي بن أبي طالب - رضي اللـه عنه - وكان ما يزال صغيرا أن ينام في فراشه حتى يتمكن من رد هذه الودائع إلي أصحابها نيابة عنه.

حكم الوديعة:

تختلف حكم الوديعة باختلاف الأحوال، فقد يكون قبول الوديعة واجبا، إذا استأمن الإنسان عليها، وليس عند صاحب الوديعة أحد غيره يأتمنه عليها، فيجب عليه أن يقبلها منه، وقد يكون مستحبا فيما إذا طلب من الإنسان حفظ شيء من رجل هو يأنس بالمؤتمن، وعند المؤتمن قدرة علي حفظه، لأنه من باب التعاون علي البر والتقوي، وقد يكون قبول الوديعة مكروها، وذلك إذا أحس الإنسان بعجز في شخصه عن حفظ الأمانة، ويحرم علي الإنسان قبول الوديعة إذا علم من نفسه أنه سيفسدها، وأنه ليس أهلا لها.

وجوب الحفاظ علي الأمانة:

يجب علي كل مؤتمن الاهتمام بالأمانة والمحافظة عليها، فلا يضعها في مكان يخشي منه ضياع الأمانة، وألا ينتفع بها حتى لا تتلف (إن كانت الوديعة شيئا يتلف بالاستعمال)، وأن يردها إلي صاحبها متى طلب منه ذلك. قال تعالي: ﴿ إِنَّ ٱللَّهَ يَأۡمُرُكُمۡ أَن تُؤَدُّواْ ٱلۡأَمَٰنَٰتِ إِلَىٰٓ أَهۡلِهَا ﴾ [النساء: ٥٨]. وقال تعالى: ﴿ فَإِنۡ أَمِنَ بَعۡضُكُم بَعۡضٗا فَلۡيُؤَدِّ ٱلَّذِي ٱؤۡتُمِنَ أَمَٰنَتَهُۥ وَلۡيَتَّقِ ٱللَّهَ رَبَّهُۥ ﴾ [البقرة: ٢٨٣]. وقال صلى الله عليه وسلم :"أد الأمانة إلي من ائتمنك، ولا تخن من خانك" [أبو داود]. إن ضاعت أو تلفت لتقصير منه، رد قيمتها أو مثلها إلي صاحبها وإن ضاعت أو تلفت من غير تقصير منه، كأن يشب حريق في المكان المحفوظة فيه فتحرق معه، فلا ضمان عليه. لقول الرسول (:"من أودع وديعة فلا ضمان عليه" [ابن ماجه] وقوله :"فلا ضمان عليه" معناه أن لا يلزم رد قيمة الأمانة أو مثلها. إذا ادعي صاحب الأمانة أن المؤتمن فرط في الحفاظ عليها ،كان علي المؤتمن اليمين أو القسم بأنه لم يفرط فيها.

يشترط في الوديعـة أن يكـون كـل مـن المـودع والمـودع عنـده مكلفـا رشـيدا، فـلا يـودع الصبـي والمجنون، ولا يودع عندهما ويجوز لكل من المودع والمودع عنده رد الوديعة متي شاء أحـدهما، كـما لا يجوز للمودع عنده الانتفاع بالوديعة علي أي وجه من وجوه النفع إلا بإذن صاحبها ورضاه.

وفاة المؤتمن:

إذا مات المؤتمن وعنده وديعة لإنسان ما صارت دينا عليه،وعلي ورثته قضاؤه من ميراثـه إن تـرك ميراثا. فإن لم يترك ميراثا كـان للحـاكم ردهـا مـن مـال الدولـة. لقـول الرسـول (:"أنـا أولي بـالمؤمنين مـن أنفسهم، فمن توفي من المؤمنين فترك دينا فعلي قضاؤه، ومن ترك مالا فلورثته"[الجماعة]. وقوله :"فمـن ترك دينا فعلي قضاؤه" أي: من مات وعليه دين، ولم يترك مالا يسد به ورثتـه هـذا الـدين، فأنـا أرد هـذا الدين عنه.

شكر المؤتمن:

على صاحب الأمانة إذا استردها من المؤتمن أن يشكره علي حفظـه لهـا. وعـلي المـؤتمن ألا يكـون فخورا بذلك، بل يكون متواضعا لينا معه، وأن يشـعر صـاحب الأمانـة أن مـا فعلـه واجـب عليـه يجـب القيام به، فهو طاعة لـلـه واقتداء برسوله.

الثاني والثلاثون: اللقطــــــــة:

ماذا يجب على المسلم إذا وجد شيئا ؟

المسلم حريص علي أموال المسلمين، فإذا وجد شـيئا في الطريـق مـثلا، وخـاف عليـه مـن الضـياع أخذه، وسأل عن صاحبه في المكان الذي وجده فيه أو في الأماكن التـي يجتمـع النـاس فيهـا كالسـوق أو علي أبواب المساجد، أو يعلن عنه في وسائل الإعلام. وإذا لم يخف علي الشيء فيجب عليـه تركـه مكانـه، ولا يجوز له أخذه، ولا يعتبر لقطة،

فإذا ترك طالب كتابه في الفصل، ووجده أحد زملائه، فعليه تركه مكانه لأن صاحبه إذا رجع سيجده.

أحكام اللقطة:

على الملتقط الذي يلتقط الضالة أن يحفظها في مكان أمين، وأن يعتبرها أمانة أو وديعة عنده، فإن أهمل في حفظهما وضاعت، أو تلفت؛ وجب عليه تعويض صاحبها إن ظهر لهما صاحب، فإذا لم يظهر للضال صاحب، جاز للملتقط أن يتصدق به أو أن ينتفع به لنفسه، فإذا ظهر صاحبه بعد الانتفاع به لا يجوز له طلب التعويض عنها. ولا يجوز للملتقط الانتفاع بالضالة قبل مرور سنة من تعريفه للناس بأمرها ذهبا أو نقودا إذا كانت ذات قيمة كبيرة، فقد روي أن رجلا سأل الرسول ؟ عن اللقطة، فقال :"اعرف عفاصها (وعاءها) ووكاءها (الخيط شد به الكيس) ثم عرفها سنة، فإن جاء صاحبها إلا فشأنك بها" [البخاري].

أي عليه أن يعرف أوصافها ثم يخبر الناس بأمرها، فإذا جاء صاحبها أعطاها له، وإن لم يأت في خلال سنة، فله أن يتصرف فيها، فينتفع بها أويجعلها صدقة. وورد أن أبي بن كعب - رضي الله عنه - قال: وجدت صرة فيها مائة دينار، فأتيت النبي (فقال:"عرفها حولا (سنة)". فعرفتها حولا فلم أجد من يعرفها، ثم أتيته فقال:"عرفها حولا". فعرفتها فلم أجد، ثم أتيته ثلاثا، فقال:"احفظ وعاءها وعددها ووكاءها، فإن جاء صاحبها، وإلا فاستمتع بها" [البخاري والترمذي].

وقوله:"فإن جاء صاحبها وإلا فاستمتع بها" معناه: إن لم يظهر لها صاحب، فلك أن تنتفع بها كما تشاء.إذا كانت اللقطة شيئا قليل القيمة: إذا كانت الضالة شيئا قيمته بسيطة، واعتقد ملتقطه أن صاحبه لن يسأل عنه، أعلم الناس بها، فإن لم يظهر لها

صاحب في خلال ثلاثة أيام، جاز له الانتفاع بها، فإن عرف صاحبها، فعليه ردهـا،فعن عـلي- رضي الـلـه عنه -أنه وجد دينارا، فأعطاه فاطمة، فسألت عنه رسول الـلـه (فقال :"هو رزق الـلـه عـز وجـل فأكل منه رسول الـلـه" وأكل علي وفاطمة، فلما كان بعد ذلك أتته امـرأة تنشـد الـدينار، فقـال الرسـول (:"يا علي، أد الدينار" [أبو داود]. ومن وجد شيئا يسيرا؛ فليعرفه ثلاثة أيام، فعن يعلي بن مرة قال: قـال رسول الـلـه (:"من التقط لقطة يسيرة؛ درهما، أو حبلا أو شبه ذلك، فليعرفه ثلاثة أيام، فـإن كـان فـوق ذلك؛ فليعرفه سنة" [أحمد].- إذا كانت اللقطة شيئا لا قيمة لـه: وإذا كـان الشيـء الملـتقط لا قيمـة لـه كالسوط والحبل وأشباهه جاز أخذه والانتفاع به،فقد روي عن جابر - رضي الـلـه عنه - قال: رخـص لنـا رسول الـلـه (في العصا والسوط والحبل وأشباهه، يلتقطه الرجل ينتفع به [أحمد وأبو داود]. وسر هـذا الترخيص أن هذه الأشياء قيمتها بسيطة وصاحبها عادة لا يسأل عنها إن فقدها.

- إذا كانت اللقطة طعاما:

إذا كانت اللقطة طعاما، جاز لمن يجده ألا يسأل عن صاحبه، وجاز لـه أن يأكلـه، فقـد روي عـن أنس – رضي الـلـه عنه - أن النبي (مر بتمرة في الطريـق فقـال:(لـولا أني أخـاف أن تكـون مـن الصـدقة لأكلتها) [متفق عليه]. وفي ذلك إشارة إلي أنه يجوز للرجل أن يأكل اللقطـة التـي يجـدها في الطريـق إن كانت طعاما دون أن يبحث عن صاحبها، فامتناع النبي عن أكلهـا، إنمـا كـان لخوفـه مـن أن تكـون مـن الصدقة، لأن الصدقة لا تجوز للنبي وآل بيته.

- إذا كانت الضالة غنما:

إذا كانت الضالة غنما، جاز أخذها لأنها ضعيفة، وقد تهلك أو تفترسها الوحوش إن تركت. فقد سئل النبي (عن ضالة الغنم، فقال:"لك أو لأخيك أو للذئب Œ" [البخاري]. أي: أنك إن لم تأخذها أخذها غيرك، وإن لم يأخذها غيرك أخذها الذئب، وضاعت سدى بلا فائدة. وعلى ملتقط ضالة الغنم تعريف الناس بها لمدة سنة، وإذا مر العام دون أن يسأل عنها أحد جاز له أن يبيعها، وإن جاء صاحبها قبل مرور العام أعطاها له. وله أن يطالب صاحبها بما أنفقه عليها من طعام وشراب ورعاية إلا أن تكون رعايته لها، ونفقته عليها نظير الانتفاع بها، كأن يشرب لبنها، أو ينتفع بشعرها.

ضالة الإبـل:

إذا كانت الضالة إبلا لم يجز للملتقط أخذها، لأنها ليست ضعيفة كالغنم يخشى- عليها الهلاك، وإنما هي قادرة على حماية نفسها، وقادرة على الحصول على الطعام والشراب بنفسها. وقد سئل (عن ضالة الإبل فقال: "دعها، فإن معها حذاءها (الخف) وسقاءها، ترد الماء، وتأكل الشجر حتى يجدها ربها (صاحبها) [متفق عليه]. وأما إذا كانت الإبل الضالة في صحراء لا يوجد بها ماء أو عشب، أو بها وحوش مفترسة يخاف عليها فيها، جاز أخذها وبيعها وإعطاء ثمنها لصاحبها عندما يسأل عنها. وقد رأى ذلك عثمان بن عفان – رضي اللـه عنه - وكان ذلك يحدث في عهده، أو أن يضعها ملتقطها في مكان خاص بها، فإن جاء صاحبها أخذها وإن لم يأت صارت مالا للمسلمين، كما رأى ذلك علي -كـرم اللـه وجهه- وكان ذلك يحدث في عهده.

الثالث والثلاثون: الجعالـــــــة:

مر جماعة من أصحاب النبي (علي مكان به بئر،وفي هذا المكان رجل قد لدغته حية، فسأل أهل هذا الرجل أصحاب النبي (عن رجل يقوم برقي المريض، فقام رجل من الصحابة وقرأ علي المريض سورة الفاتحة، فشفي فأعطوه بعض الشياه، فذهب إلي أصحابه فقالوا: تأخذ علي كتاب الله أجرا؟! فلما رجعوا إلي رسول الله (قال:"إن أحق ما أخذتم عليه أجرا كتاب الله" [البخاري]. وهذه العملية التي تمت تسمي جعالة، فأهل الرجل الملدوغ يسمون "جاعله"، والرجل الذي قام بالرقية يسمي "مجعولا له"، والشاة تسمي "مجعولا".

فالجعالة: عقد علي منفعة يتوقع حصولها فيعطي الإنسان جعلا علي شيء يفعله، كأن يقول رجل: من علم ابني القرآن فله ألف جنيه. وقد شرع الإسلام الجعالة لما فيها من مصلحة للجاعل، والمجعول له. قال تعالي: ﴿ وَلِمَن جَآءَ بِهِۦ حِمۡلُ بَعِيرٖ وَأَنَا۠ بِهِۦ زَعِيمٞ ﴾ [يوسف: ٧٢].

هل يجوز فسخ عقد الجعالة ؟

يجوز ذلك للجاعل والمجعول له، إذا لم يكن العمل قد بدأ، فإذا بدأ العمل، فلا يجوز ذلك للجاعل، ويجوز للمجعول له.

الوفاء للمجعول له:

علي الجاعل أن يفي بالجعالة للمجعول له، إذا انتهي من العمل، لأن الجعالة عقد لزم الوفاء به، قال تعالى : ﴿ يَٰٓأَيُّهَا ٱلَّذِينَ ءَامَنُوٓاْ أَوۡفُواْ بِٱلۡعُقُودِ ﴾ [المائدة: ١].

ولا يشترط في الجعالة مدة محددة، فإذا قام الإنسان بالعمل استحق الجعالة، فإذا قال رجل: من صنع كذا؛ فله كذا، فمتى انتهى الإنسان من العمل؛ أعطي جعالته، وإن كان القائم بالعمل جماعة، اقتسموا الجعالة. ولا تجوز الجعالة في محرم. ويجوز لكل من العامل والمالك فسخ عقد الجعالة، فإذا كان الفسخ قبل أن يبدأ العامل في عمله، فليس له شيء، وإذا كان الفسخ أثناء العمل، يأخذ العامل حقه بقدر عمله. وإذا عمل الإنسان عملا لا يعلم أنه جعالة، بل عمله تطوعا، فليس له شيء إلا في رد العبد الآبق، أو في إنقاذ غريق، وذلك تشجيعا له على عمله.

الرابع والثلاثون: الشراكـــــة:

يقول:"إن الله يقول: (أنا ثالث الشريكين، ما لم يخن أحدهما صاحبه، فإن خانه، خرجت من بينهما" [أبو داود]. أي أن الله -سبحانه وتعالى- يبارك للشريكين مادام لا يخون أحدهما شريكه، فإذا خان أحدهما شريكه رفع الله البركة عن شركتهما.

وقد كان الصحابة يتشاركون فيما بينهم في التجارة وغيرها.

فقد كان البراء بن عازب وزيد بن أرقم شريكين، وكان كل واحد منهما يقول: هذا خير مني.

أقسام الشركة:

١- شركة أملاك: وهي أن يشترك شخصان أو أكثر في أرض أو بيت أو محل أو ما شابه ذلك، سواء كان هذا الشيء قد اشتركوا فيه بالشراء أو بالميراث أو بالهبة أو غير ذلك. كأن يشتري اثنان أو أكثر محلا ليتاجرا فيه مثلا، أو كأن يموت رجل ويكون له أكثر من وريث، فهم شركاء في الميراث، أو كأن يهب شخص بيتا لأكثر من إنسان مثلا، فهم شركاء فيه، ولا يحق لأحد الشركاء أن يتصرف في نصيب شريكه بغير

إذنه، ويجوز للشريك في شركة الأملاك أن يتصرف في نصيبه فقط بالبيع، ولا يشترط موافقة غيره.

٢- شركة عقود: وفيها يشترك اثنان في الاتجار بمال، ولهما الربح، وعليهما الخسارة بحسب ما يتفقان، أو بحسب نسبة كل منهما في رأس المال علي النحو التالي:

- كأن يشتري اثنان سيارة بعشرة آلاف جنيه ثم يبيعانها بخمسة عشر ألفا، فتقسم الخمسة آلاف التي هي الربح بينهما علي حسب نسبة كل منهما في رأس مال السيارة.
- أن يكون الربح شائعا بين الشريكين، فلا يحدد لأحد الشريكين مبلغا معينا يأخذه. كأن يكون لأحدهما مائة جنيه والباقي للآخر، فقد لا تربح الشركة إلا مائة جنيه فيأخذها الأول، ولا يحصل الثاني علي شيء، وإنما يجوز أن تحدد نسبة كل منهما في الربح كأن يكون لأحدهما عشرون في المائة، أو ثلاثون في المائة وللآخر الباقي أو علي حسب ما يتفقان.
- أن يكون كل منهما وكيلا عن الآخر، فيشتري أحدهما ويبيع نيابة عن الآخر والعكس، أو أن يكون كل منهما كفيلا للآخر، فإن احتاج أحدهما ضامنا له، ضمنه شريكه.
- ولا يحق لأحد الشريكين في أي نوع من أنواع الشركة أن ينفق من مال الشركة إلا أن يخصم ما ينفقه من نصيبه في الربح، فإن كان ما أنفقه أكثر من نصيبه في الربح خصم من رأس ماله في رأس المال، إلا أن يتفق الشركاء علي شيء ما بخصوص ذلك الإنفاق. الرجل يعطي إلي آخر دابته أو سيارته مثلا ليعمل عليها، فقال

بعضهم هذه شركة، والربح بين صاحب السيارة والسائق، حسب ما يتفقان، وقال البعض الآخر: بل الربح كله لصاحب السيارة وللسائق الأجرة فقط.

الخامس والثلاثون: الهبـــــة:

الهبـــــة:

عقد يقتضي أن يمتلك شخص مالا معلوما أو مجهولا تعذر علمه، مقدورا علي تسليمه، غير واجب في حياة الواهب، بلا عوض عن الموهوب إليه، بلفظ من ألفاظ التمليك أو ما يقوم مقامه.

والهبة أمر مستحب لما تعبر عنه من الأخوة، ونبت السرور في النفوس، وهي مشروعة كما جاز في القرآن: (فإن طبن لكم عن شيء منه نفسا فكلوه هنيئا مريئا) [النساء:]، ولقوله (:"تهادوا تحابوا" [رواه البخاري في الأدب المفرد].

أركان الهبـــــة:

وأركان الهبة عند الجمهور أربعة، هي:

الواهب، والموهوب له والموهوب وصيغة الهبة، وركن الهبة عند الأحناف هو الإيجاب والقبول، ولا تتم الهبة إلا بالقبض.

أنواع الهبـــــة:

وللهبة أنواع، منها: الرقبي ولعمري والمنحة.

الرقبي: هي أن يقول إن مت أنا قبلك فهو لك، وإن مت أنت قبلي فهو لك.

تتخلص أحكام الرقبة في ثلاثة أحكام:

الأول: أن يقول الرجل لغيره: أعمرتها، ويطلق الصيغة دون تقيد، فهذا تصريح بأنها للموهوب له، وحكمها حكم المؤبدة لا ترجع إلي الواهب،وهذا ما عليه الجمهور.

الثاني: أن الرقبي عارية ترجع بعد الموت إلي المالك، وهو أحد قولي الشافعي؛ لأن الهبة المطلقة لمعمر،ولورثته من بعده.

الثالث: أن يقول الرجل لغيره: هي لك ما عشت، فإذا مت رجعت إلي فهذه عارية مؤقتة ترجع إلي المعير عند موت المعمر، وبه قال كثير من العلماء، ورجحه جماعة من الشافعية، والأصح عندهم أنها لا ترجع، واستدلوا بحديث جابر أن رجلا من الأنصار أعطي أمه حديقة من نخيل في حياتها، فماتت، فجاء إخوته، فقالوا: نحن في شرع سواء ، فأبي، فاختصموا إلي النبي (، فقسمها بينهم ميراثا. [رواه أحمد].

العمري: هي ما يجعل للإنسان طول عمره، وإذا مات ترد عليه، بأن يقول الرجل: أعمرتك داري هذه مدة حياتي، أو عمري ونحو ذلك، فالعمري نوع من الهبة، مأخوذه من العمر، كذا كانوا يفعلونه في الجاهلية، فأبطل الشرع ذلك، فالعمري للمعمر له في حياته، ولورثته من بعده، لصحة التمليك،وتحديدها بوقت باطل، فقد قال الرسول الله (:"أمسكوا عليكم أموالكم، لا تعمروها، فإن من أعمر شيئا، فإنه لمن أعمره" [متفق عليه]. وتتوقف العمري علي الإيجاب المقترنة بالوقت، كما تتوقف الرقبي علي الإيجاب المقترن بشرط الوفاة.

والخلاصة في العمري والرقبي أن كلا منهما نوع من الهبة، يتوقف علي الإيجاب والقبول، ولا يتم إلا بالقبض، وقد أجاز الحنفية والمالكية العمري، ومنعوا الرقبي. المنحة: هي أن يقول الرجل لأخيه: هذه الدار لك سكني، أو هذه الشاة، أو هذه الأرض لك منحة. وللعلماء الأقدمون هم الذين يفرقون بين الهبة والمنحة، أما الآن فالمنحة هي الهبة تماما.

شروط الهبة:

يشترط في الواهب أن يكون أهلا للتبرع،وذلك إذا كان عاقلا، قد بلغ سن الرشد، فلا تجوز هبة الصبي والمجنون لفقده الأهلية.

ويشترط في الشيء الموهوب أن يكون موجودا وقت الهبة، حتى لا يكون شيئا معدوما وأن يكون مالا متقوما، وأن يكون مملوكا في نفسه،وأن يكون الشيء الموهوب مملوكا للواهب، وأن يكون محرزا، لا مشاعا عند الأحناف إلا إذا كان مشاعا لا يحتمل القسمة كالسيارة والبيت الصغير، وأجاز المالكية والشافعية والحنابلة هبة المشاع، وأن يكون الشيء الموهوب متميزا عن غيره، لا متصلا به، ولا مشغولا بغير الواهب، فلا تجوز هبة التمر دون النخل إلا بعد جز التمر وتسليمه، كما أنه لا يجوز هبة المتصل بغير الهبة اتصال خلقه مع إمكان الفصل، وتشترط قبض الموهوب، وأن يكون القبض بإن الواهب، والقبض نوعان:

قبض بطريق الأصالة عن نفس القابض، وقبض نيابة؛ بأن يستلم غير الموهوب له هبة، بإذنه أو أن يكون وكيلا عنه أو وليه.

حكم الهبـــــة:

يثبت ملك الهبة للموهوب له من غير عوض، ولا يصح الرجـوع في الهبـة إلا هبـة الولـد لولـده، لقوله صلى اللـه عليه وسلم :"ليس لأحد أن يعطي عطية، فيرجع فيها إلا الوالد، فـيما يعطـي لوالـده" [رواه أصحاب السنن]. ويري الأحناف أنه يجوز الرجوع في الهبة (عطية الأولاد). إذا أعطي الوالـد أولاده شيئا، فتستحب التسوية بينهم، والتسوية بينهم تكون بإعطاء الأولاد والإناث علي حـد سـواء، وهـذا رأي الجمهور. واستدلوا بقول النبي (:"سووا بين أولادكـم في العطيـة، ولـو كنـت مـؤثرا، لآثـرت النسـاء عـلي الرجال" [الطبري]. وهو حديث ضعيف، ويري الحنابلة ومحمد بن الحسن من الحنفية أن العطاء يكون كما في الميراث، للذكر مثل حظ الأثنيين.

حكم التسوية في العطية:

التسوية في العطية مستحبة، فلـو فضـل بعـض أولاده عـلي بعـض، جـاز مـع الكراهـة، وحملـت الأحاديث التي تدل علي الأمر بالتسوية علي الاستحباب، وإلي هذا ذهـب الجمهـور. ويـري جماعـة مـن العلماء كالإمام أحمد والثوري وطاووس وإسحاق وغيرهم أن التسـوية واجبـة، وحملـوا الأحاديـث التـي تأمر بالتسوية علي ظاهرها، واختلف العلماء القائلون بوجوب التسوية، فمـنهم مـن رأي التسـوية بـين الأولاد والبنات، ومنهم من رأي أن تقسم كالميراث، فتأخذ الأنثي نصف مـا يأخـذه الرجـل، ويـري الإمـام أحمد، أنه يجوز التفضيل إذا كان لسبب كأن يكون للذي أخذ أكثر ولد مـريض أو أعمـي ، أو مـديون أو كثير العيال، أو يشتغل بالعلم ونحو ذلك.

السادس والثلاثون: المسابقة:

المسابقة:

هي الشيء الذي يجعل جائزة لمن يسبق فمن يتسابقون في الجري أو الرمي بالسهام ونحو ذلك. والمسابقة مشروعة جائزة، فعن عقبة بن عامر قال: سمعت رسول الله وهو على المنبر يقرأ: ﴿وَأَعِدُّوا لَهُم مَّا اسْتَطَعْتُم مِّن قُوَّةٍ﴾ [الانفال: ٦٠] ألا إن القوة الرمي، ألا أن القوة الرمي، ألا أن القوة الرمي [مسلم]. والمسابقة قد تكون بلا رهان أو برهان.

المسابقة بلا رهان:

المسابقة بلا رهان بين الأشخاص فعلها رسول الله فعن عائشة رضي الله عنه ا قالت: سابقت رسول الله فسبقته، فلما حملت اللحم، سابقته فسبقني. قال :"هذه بتلك" [البخاري]. وقد صارع رسول الله ركانة فصرعه [بو داود]. وسابق الصحابي سلمة بن الأكوع رجلا من الأنصار بين يدي رسول الله فسبقه سلمة [أحمد ومسلم].

المسابقة بين الحيوانات:

المسابقة بين الحيوانات جائزة إذا كانت بلا رهان، فعن أبي هريرة- رضي الله عنه -قال: قال رسول الله:"لا سبق إلا في خف أو نصل أو حافر" [أحمد]. وعن ابن عمر قال: سابق النبي (بالخيل التي قد ضمرت من الحفياء (مكان خارج المدينة) وكان أمدها (نهايتها) ثنية الوداع وسابق بين الخيل التي لم تضمر من الثنية إلي مسجد بني رزيق، وكان ابن عمر فيمن سابق. [متفق عليه].

والمسابقة من الحفياء إلي ثنية الوداع خمسة أميال أو ستة، ومـن الثنية إلي مسجد بني زريق ميل واحد.

الرهن في المسابقة:

والمسابقة برهان جائزة بشروط:-

أ- أن تكون المسابقة في الأنواع النافعة في الجهاد ؛ لقول النبي (:"لا سبق إلا في خف (الإبل) أو في نصل (السهم) أو حافر (الخيل) [أحمد].

ب- أن يكون العوض من أحد المتسابقين، أو من شخص ثالث، أو يكون العوض من الجانبين بمحلل، وعلى ذلك تكون هناك ثلاثا صور من السباق جائزة، وهي:

١- أن يكون المال من السلطان أو أحد الرؤساء أو من أي شخص خارج المتسابقين.

٢- أن يكون المال من جانب أحد المتسابقين إذا سبقه الآخر، بشرط ألا يغرم إن لم يسبقه.

٣- أن يكون المال من المتسابقين كلهما أو من الجماعة المتسابقين، ومعهم محلل يأخذ هذا المال إن سبق، ولا يغرم شيئا إن سبق. فقد قيل لأنس بن مالك- رضي الله عنه -: أكنتم تراهنون علي عهد رسول الله أكان رسول الله (يراهن؟ قال: نعم و الله لقد راهن علي فرس له سبحة، فسبق الناس فهش (فرح) لذلك وأعجبه). [أحمد].

السباق الحرام يكون السباق حراما إذا كان فيه قمار، وذلك بأن يكون كل واحد قد رهن مالا من المتسابقين، فإن فاز أحدهما أخذ المال كله، وغرم الخاسر.

جـ- أن تكون المسابقة فيما يحتمل أن يسبق أحدهما، أما إذا عرف أن واحدا منهما سيسبق، فتكون حراما، لأن معنى التحريض في هذه الصورة لا يتحقق، فصار الرهان هو التزام مال للغير معلوم الأخذ.

د- العلم بالمال الموضوع للسباق، ومعرفة نقطة البدء والنهاية تحديثا، وتعيين الفرسين مثلا ، وغير ذلك من الشروط التي لا بد أن تكون واضحة قبل الرهان.

التحريش بين البهائم:

ومن الصور الشائعة في السباق التحريش بين البهائم، وهذا مما نهي عنه الرسول الله (، فعن ابن عباس رضي الله عنه قال: نهي رسول الله (عن التحرش (التصارع) بين البهائم. [أبو داود والترمذي].وإن كان قد نهي عن جعل الحيوانات تتصارع فيما بينهما، فقد حرم الإسلام أن تتخذ الحيوانات غرضا للمسابقة بما يؤذيها، فقد دخل أنس بن مالك رضي الله عنه دار الحكم بن أيوب، فإذا قوم قد نصبوا دجاجة يرمونها، فقال لهم: نهي رسول الله (أن تصبر البهائم. [مسلم].

يعني أن تحبس وهي حية، ثم ترمي حتى تقتل، وقد ورد النهي من رسول الله ؟ عن اتخاذ كل ما فيه روحا غرضا يتسلي به.

اللعب بالنرد:

ويحرم اللعب بالنرد والمسابقة به،فعن بريدة عن رسول الله قال :" من لعب بالنردشير، فكأنما صبغ يده في لحم خنزير ودمه" [مسلم].

وعن أبي موسى- رضي الله عنه -أن النبي (قال:"من لعب بالنرد، فقد عصي- الله ورسوله" [أحمد وأبو داود وابن ماجه]. وتتأكد حرمة اللعب بالنرد إذا كان بالقمار.

اللعب بالشطرنج:

اختلف العلماء في اللعب بالشطرنج، فمنهم من حرمه، واستدلوا بأحاديث كلها لا أساس لها من الصحة، وبعضهم أباحه، قال الشافعي: قد لعبه جماعة من الصحابة ومن لا يحصي من التابعين. واحتجوا بأن الأصل في الأشياء الإباحة، ما لم يرد نص بالتحريم، واشترطوا لإباحته شروطا هي:

أ- ألا يشغل عن واجب من واجبات الدين

ب- ألا يخالطه شيء من القمار.

جـ- ألا يصدر أثناء اللعب ما يخالف شرع الله.

السابع والثلاثون: الولايـــــة :

لابد من ولي يتولى أمر الصغير أو السفيه أو المجنون أو المحجور عليه والولاية تكون للأب، إن كان غير موجود، انتقلت الولاية إلى الوصي والوصي: هو من أوصاه أقارب المحجور عليه برعايته وتدبير أموره. فإن لم يكن هناك وصى يؤتمن على مال المحجور عليه معه، انتقلت الولاية إلى جد المحجور عليه وأمه. فإن كانا غير موجودين انتقل الأمر إلى الحاكم، فيعين للمحجور عليه وصيا يتولى أمره.

ويشترط أن يكون الوصى (رجلا كان أو امرأة) متدينا، راشدا مشهودا له بصلاحه وتقواه، حتى يكون أمينا على مال المحجور عليه.

والوصي إما فقير وإما غني، فإن كان فقيرا جاز له أن ينفق على نفسه من مال المحجور عليه مقابل هذه الوصاية ورعايته له وتدبيره لأموره، بشرط ألا يسرف ولا يبذر. فقد جاء رجل إلى النبي (وقال: إني فقير ليس لي شيء ولي يتيم (محجور

عليه)؟ فقال (:"كل من مال يتيمك غير مسرف" [النسائي وابن ماجة]. وقال تعالى: ﴿وَمَن كَانَ
فَقِيرًا فَلْيَأْكُلْ بِالْمَعْرُوفِ﴾ [النساء: ٦]. وإن كان الوصي غنيا فلا يجوز له أخذ شيء من مال المحجور
عليه، ويكون أجره عند ربه، إلا أن يفرض له الحاكم شيئا فيأخذه. قال تعالى: ﴿وَمَن كَانَ غَنِيًّا
فَلْيَسْتَعْفِفْ﴾ [النساء: ٦]. ينفق الوصي على المحجور عليه على قدر ماله، فإن كان ماله كثيرا وسع
عليه في النفقة والمأكل والملبس، وإن كان ماله قليلا اقتصد في النفقة عليه حتى لا يذهب بماله ويضيع
سدى. فإذا ذهب عن المحجور عليه جنونه إن كان مجنونا، أو سفهه إن كان سفيها، أو بلغ الحلم
وأصبح راشدا إن كان صغيرا؛ رد إليه الوصي ماله، وترك له تدبير أموره.

الثامن والثلاثون: الحجـــــر:

أباح الإسلام الحجر، لأنه يحفظ حقوق الناس من الضياع. فيحفظ للدائنين حقهم عند المفلس،
ويحفظ للصغير ماله حتى يكبر، ويصبح قادرا على التصرف في أمواله بطريقة سليمة. ويحفظ للمجنون
ماله حتى يذهب عنه الجنون، ويحفظ مال السفيه من أن يضيع سدى.

والحجر نوعان:

حجر لحفظ حقوق الغير: كأن يكون على الرجل دين وأراد الدائن حقه، ولكن المستدين لا يقوم
بالسداد، فيلجأ صاحب الدين إلى القضاء، فينظر القاضي في أمر المستدين: فإذا كان المستدين مفلسا
بمعنى أنه ليس لديه مال يسدد به ما عليه من دين، أو له مال ولكنه لا يكفي لسداد الدين قام القاضي
أو الحاكم بالحجر عليه فيضع يده على ما يملكه المدين ويمنعه من التصرف فيه، ويقوم ببيعه وإعطاء
كل صاحب حق حقه.

وإن كان المستدين يملك ما يسدد به دينه ولكنه مماطل، أمره الحاكم أو القاضي برد الدين، فإن رفض قام بحبسه حتى يوفي ما عليه مندين، قال (:"لي الواجد يحل وعقوبته عرضه" [البخاري]. ومعناه: مماطلة من كان عليه حق وعنده مال يعاقب حتى يسد دينه، وإن كان المستدين معسرا ليس لديه ما يمكن بيعه وسداد الدين منه، وجب إمهاله، إلى أن تتحسن أحواله ويتمكن من سداد الدين، قال تعالى: ﴿ وَإِن كَانَ ذُو عُسْرَةٍ فَنَظِرَةٌ إِلَىٰ مَيْسَرَةٍ ﴾ [البقرة: ٢٨٠].

حجر لحفظ أموال المحجورعليهم: وذلك في حالة كون المحجور عليه سفيها أو مجنونا أو صغيرا لم يبلغ الرشد.

والسفيه: هو من يقوم بصرف أمواله في أمور الفسق واللهو، أو فيما ليس فيه مصلحة دينية أو دنيوية.

ولذلك وجب عليه الحجر حتى لا يضيع ماله، قال تعالى: ﴿ وَلَا تُؤْتُوا السُّفَهَاءَ أَمْوَالَكُمُ الَّتِي جَعَلَ اللَّهُ لَكُمْ قِيَامًا ﴾ [النساء: ٥]. ولا يعد الرجل سفيها إن كان يصرف أمواله في مأكل طيب أو ملبس أنيق، لقوله تعالى: ﴿ قُلْ مَنْ حَرَّمَ زِينَةَ اللَّهِ الَّتِي أَخْرَجَ لِعِبَادِهِ وَالطَّيِّبَاتِ مِنَ الرِّزْقِ ۚ قُلْ هِيَ لِلَّذِينَ آمَنُوا فِي الْحَيَاةِ الدُّنْيَا خَالِصَةً يَوْمَ الْقِيَامَةِ ۗ كَذَٰلِكَ نُفَصِّلُ الْآيَاتِ لِقَوْمٍ يَعْلَمُونَ ﴾ [الأعراف: ٣٢].

والصغير يحجر عليه حتى يكبر ويصبح راشدا يستطيع أن يصرف أمواله في الأمور الصحيحة. فإذا ما ظهرت عليه علامات البلوغ مثل: إنزال المني، ظهور الشعر حول القبل، الحيض والحمل بالنسبة للأنثى، أن يبلغ عمره خمسة عشر عاما وقيل سبعة عشر وقيل تسعة عشر عاما علم منه الرشد؛ بمعنى أن يكون قادرا على الحفاظ على المال من الضياع رد إليه ماله. قال تعالى: (﴿ فَإِنْ آنَسْتُم مِّنْهُمْ رُشْدًا فَادْفَعُوا إِلَيْهِمْ أَمْوَالَهُمْ ﴾

[النساء: ٦]. وإذا بلغ الحلم ولكنه لم يكن قادرا على الحفاظ على ماله بمعنى أنه لم يرشد بعـد، استمر الحجر عليه حتى يرشد. والمجنون يحجر عليه كذلك، لأنه لا يدرك ماذا يفعل، فيتصرف في مالـه تصرفا يذهب بهذا المال، ولذلك فالحجر عليه واجب، فإن ذهب عنه الجنون، رد إليه ماله.

التاسع والثلاثون: التأميـــن:

ظهر التأمين كمصطلح اشتهر بين الناس حديثا، فقد ظهر في إيطاليا في صورة التأمين البحري، وذلك في القرن الرابع عشر الميلادي.وينقسم التأمين بدوره إلي قسمين: التأمين التعاوني،والتأمين بالقسـط الثابت.

التأمين التعاوني:

هو تأمين يهدف إلي تعاون المشتركين فيه، بحيث يدفع كل واحـد مـنهم جـزءا معينـا ؛ لتعـويض الأضرار التي قد يصاب بها أحدهم، وهذا التأمين لا تقوم عليه مؤسسة،بل يقوم بين أفراد.ويستمد هـذا التأمين روح التعاون الإسلامي الذي يدعو إلي التعاون علي البر والتقوي، لأن كل مشترك يـدفع جـزءا عـن طيب خاطره، وعلي هـذا، فالتأمين التعاوني جـائز سـواء كـان تأمينـا علـي الحياة، أو علـي الأشياء.

التأمين بالقسط الثابت:

هو أن يلتزم المؤمن له بدفع قسط محدد إلي المؤمن، وعادة ما يكون المـؤمن شـركة تتكـون مـن أفراد مساهمة، يتعهد المؤمن بمقتضي العقد التأمين بـدفع أداء معـين عنـد تحقـق خطـر للمـؤمن لـه، فيدفع العوض لشخص معين أو لورثته، وهـو التـأمين الشـائع الآن. وهـذا النـوع مـن التـأمين لا يعتبر مضاربة شرعية لسببين:

الأول: أن الأقساط التي يدفعها المؤمن له تدخل في ملك شركة التأمين، فتتصرف فيها كيف تشاء، ويخسرها المؤمن له كلية إذا لم تقع له حوادث:

الثاني: أن شرط صحة المضاربة أن يكون الربح بين صاحب المال والقائم بالعمل شائعا بالنسبة، كالربع أو الثلث، أو ما يتفق عليه، أما في التأمين، فيحدد للمؤمن نسبة معينة مثل ٣% أو ٤% فتكون هذه المضاربة غير صحيحة. وعقد التأمين من عقود الغرر التي نهي عنها رسول الله لأن المعقود عليه متردد بين الوجود والعدم.

الاربعون: الحرابة أو قطع الطريق:

الحرابة:

هي خروج الفرد أو الجماعة بالسلاح على الناس في بلد إسلامي لأخذ أموالهم. وقد يجنحون إلى القتل وهتك العرض وغير ذلك.

حد الحرابة:

الحرابة جريمة كبيرة، بل هي من أكبر الكبائر، ولذلك وضع لها الإسلام عقابا رادعا حتى لا تنتشر في المجتمع، فتكثر الفوضى والاضطرابات، فينهار المجتمع. قال تعالى: ﴿إِنَّمَا جَزَٰٓؤُاْ ٱلَّذِينَ يُحَارِبُونَ ٱللَّهَ وَرَسُولَهُۥ وَيَسۡعَوۡنَ فِي ٱلۡأَرۡضِ فَسَادًا أَن يُقَتَّلُوٓاْ أَوۡ يُصَلَّبُوٓاْ أَوۡ تُقَطَّعَ أَيۡدِيهِمۡ وَأَرۡجُلُهُم مِّنۡ خِلَٰفٍ أَوۡ يُنفَوۡاْ مِنَ ٱلۡأَرۡضِۚ ذَٰلِكَ لَهُمۡ خِزۡيٞ فِي ٱلدُّنۡيَاۖ وَلَهُمۡ فِي ٱلۡأٓخِرَةِ عَذَابٌ عَظِيمٌ ﴿٣٣﴾ إِلَّا ٱلَّذِينَ تَابُواْ مِن قَبۡلِ أَن تَقۡدِرُواْ عَلَيۡهِمۡۖ فَٱعۡلَمُوٓاْ أَنَّ ٱللَّهَ غَفُورٞ رَّحِيمٞ ﴿٣٤﴾﴾ [المائدة].

وقد اختلف الفقهاء في هذا الحد، فقالوا إن كلمة (أو) في الآية للتخيير بمعنى أن للحاكم أن يختار حكما من أحكام أربعة يوقعها على المحارب والمفسد في الأرض، وهذه الأحكام هي: القتل، أو الصلب، أو قطع الأيدي والأرجل من خلاف فتقطع

اليد اليمنى مع الرجل اليسرى، فإن عاد للحرابة مرة ثانية تقطع اليد اليسرى مع الرجل اليمنى، أو النفي من الأرض. فالحاكم يختار إحدى هذه العقوبات، فيطبقها على الجاني. ومن الفقهاء من قال إن (أو) في الآية للتنويع. بمعنى أن تتنوع العقوبة بمقدار الجريمة. فإن قتل ولم يأخذ مالا قتل، ويقتل جميع المحاربين وإن كان القاتل واحدا منهم، وإن قتل وأخذ المال قتل، ومن الفقهاء من قال يقتل أولا ثم يصلب ليكون عبرة، وإن أخذ المال ولم يقتل قطعت يده ورجله من خلاف، وإن أخاف الناس، ولم يقتل، ولم يأخذ أموالهم عزر بالحبس أو النفي من البلد.

شروط إقامة حد الحرابة:

ولكي يقام حد الحرابة على الجاني لابد من أن يكون الجاني بالغا عاقلا، فإن كان صبيا صغيرا، واشترك مع غيره في قطع الطريق أو كان مجنونا فلا حد عليه. ويقام الحد على من تنطبق عليهم الشروط واشتركوا مع هؤلاء في الجريمة!

- أن يكون قد حمل سلاحا في تعديه على الناس أو في قطع الطريق عليهم.
- أن يقع التعدي خارج البلد في الصحراء مثلا، لأنه لو كان في داخل البلاد لم يعد هذا حرابة.
- أن يكون تعديه هذا مجاهرة وفي العلانية، فإن هجم على قافلة مثلا وسرق منها في الخفاء وهرب، فهو سارق يقام عليه حد السرقة ولا يقام عليه حد الحرابة، وإن أخذ جهرا وهرب فهو ناهب ولا يطبق عليه حد الحرابة.

دفاع الإنسان عن نفسه وعن غيره: وليس معنى ذلك أن يستسلم الإنسان لقاطع الطريق، وإنما عليه أن يدافع عن نفسه إلا أن يخشى الهلاك. فإن دافع عن نفسه وقتل فهو شهيد، وإن قتل المعتدي فلا شيء عليه لقوله (: (من قتل دون ماله فهو شهيد،

ومن قتل دون دينه فهو شهيد، ومن قتل دون دمه فهو شهيد، ومن قتل دون أهله فهو شهيد...) [الترمذي]. وإذا استطاع أن يدافع الإنسان عن غيره، وجب عليه ذلك، فإن كان غير قادر فلا شيء عليه.

سقوط حد الحرابة بالتوبة:

يسقط حد الحرابة بتوبة الجاني أو قاطع الطريق، وذلك قبل أن يقبض عليه الحاكم، فإذا قدر عليه الحاكم بعد ذلك عفي عنه ما ارتكبه في حق الله، أما ما ارتكبه في حق العباد فلا يعفي عنه، وتكون العقوبة من قبيل القصاص، والأمر في ذلك يرجع إلى المجني عليهم لا إلى الحاكم؛ فإن كان قد سرق فقط يرد ما أخذه إلى صاحبه، وإن هلك رد مثله أو قيمته، ولكن لا يقام عليه الحد. وإن كان قد قتل يقتص منه، فيقتل لا على الحرابة ولكن على القصاص إن رأى المجني عليهم ذلك. كما يسقط بتكذيب المقطوع عليه القاطع في إقراره بقطع الطريق ويسقط برجوع القاطع عن إقراره بقطع الطريق، وبتكذيب المقطوع عليه البينة، وبملك القاطع الشيء المقطوع له، وهو المال.

حكم من يساعد قاطع الطريق:

إن ساعد أحد قاطع الطريق في هجومه المسلح على الناس، ولكنه لم يقتل ولم يأخذ مالا؛ فحكمه حكم قاطع الطريق ويقع عليه حد الحرابة، وقيل: بل يعزر فيحبس.

الحادي والاربعون: قتال البغاة:

البغى لغة هو التعدي أو هو الامتناع عن طاعة الإمام في غير معصية والخروج عليه بالسلاح أو بدون سلاح وهو محرم لقول النبي (: "من حمل علينا السلاح فليس منا" [متفق عليه]. ولقوله (: "من خرج من الطاعة، وفارق الجماعة، فمات، مات ميتة

جاهلية" [مسلم والنسائي]. وهؤلاء البغاة لا يأخذون حكم قطاع الطريق. وإنما يحاربون بقصد ردعهم وردهم إلى طاعة الإمام، وليس بغرض قتلهم، قال تعالى: ﴿وَإِن طَآئِفَتَانِ مِنَ ٱلْمُؤْمِنِينَ ٱقْتَتَلُواْ فَأَصْلِحُواْ بَيْنَهُمَا فَإِنۢ بَغَتْ إِحْدَىٰهُمَا عَلَى ٱلْأُخْرَىٰ فَقَٰتِلُواْ ٱلَّتِى تَبْغِى حَتَّىٰ تَفِىٓءَ إِلَىٰٓ أَمْرِ ٱللَّهِ﴾ [الحجرات: ٩]. أي حتى ترجع إلى أمر الله وتخضع للحق. فهم يقاتلون بهدف إخضاعهم لأمر الله، فإن أسر منهم أحد لا يقتل، وإن جرح منهم أحد لا يجهز عليه بالقتل. وإن كانت جماعة البغاة لا تملك سلاحا تخرج به على الحاكم؛ فإنهم يحبسون حتى يخضعوا لأمر الله ويتوبوا ولا يقتلون، فإن استعدوا للقتال، وكان لهم مكان يتحصنون فيه، وسلاح يحاربون به، دعاهم الإمام إلى التزام الطاعة، ودار ال ، وعدم الخروج على الجماعة،فإن رفضوا ذلك قاتلهم، ولكن لا يبدأ بالقتال، ولا حرج من أن يقتل البغاة بسلاحهم، ويؤخذ خيلهم لحربهم إذا احتاج المسلمون إلى ذلك، لأن للإمام أن يفعل ذلك في مال المسلمين العدول إذا اقتضى الأمر ذلك، فكأن الاستعانة بمال البغاة أولى، ويحبس الإمام عنهم أموالهم حتى يردهم ويتوبوا إلى ربهم، فإن تابوا: أعاد الإمام إليهم أموالهم.

والبغاة ليس عليهم ضمان ما أتلفوه من الأنفس والأموال، لأنهم إنما بنوا بتأويل القرآن، ولأن تضمينهم ينفرهم عن الرجوع إلي طاعة الإمام، فلا يشرع كتضمين أهل الحرب، ولاضمان على أهل ال من المسلمين بقتلهم أهل البغى، ولا يضمنون ما أتلفوه عليهم، وإذا أتلف البغاة أو العادلون مال بعضهم بعضا، قبل تمكن المنعة للبغاة، أو بعد انهزامهم، فإنهم يضمنون ما أتلفوه من الأنفس والأموال، لأنهم حينئذ أهل دار الإسلام، فتكون الأنفس والأموال معصومة.

الثاني والاربعون: السرقـــــة:

لو أخذ إنسان مال غيره في الخفاء ومن المكان الذي يحفظه فيه صاحبه، بـدون وجـه حـق فهـذا يعد سرقة، ولكن لو أخذه منه جهرا أمام الناس وبالقوة، فهذا يعد غصبا. والسرقة كبيرة من الكبائر التـي وضع اللـه سبحانه لها عقابا شديدا.

حد السرقـــــة:

قــال تعــالى: ﴿ وَٱلسَّارِقُ وَٱلسَّارِقَةُ فَٱقْطَعُوٓاْ أَيْدِيَهُمَا جَزَآءَۢ بِمَا كَسَبَا نَكَٰلًا مِّنَ ٱللَّهِ ﴾ [المائدة:٣٨]. وقد لعن اللـه تبارك وتعالى من ارتكب هـذه المعصية، قال رسول اللـه (: "لعن اللـه السارق؛ يسرق البيضة فتقطع يده، ويسرق الحبل فتقطع يده" [البخاري]. (والبيضة: هـي درع الحديـد التي تلبس في الحرب).

شروط قطع يد السارق:

١- أن يكون السارق بالغا عاقلا غير مكره.

٢- ألا يكون للسارق ملك فيما سرق، مثل أن يسرق الأبوان من مال ابنهما أو الابن من مال أبويه.

٣- ألا يكون الدافع للسرقة الحاجة الشديدة مثل الجوع الشديد الذي يؤدي إلى الهلاك.

٤- أن يكون المسروق مما يحل بيعه، فلا تقطع يد من يسرق خنزيرا أو خمرا.

٥- أن يكون الشيء المسروق محفوظا في خزانة أو مخزن ملك صاحبه.

٦- أن تكون قيمة الشيء المسروق يعادل تقريبا (١,٦) من الجرام من الذهب.

ولو سرق جماعة ما يعادل (١,٦) من الجرامات من الذهب وقسموه فيما بينهم، فقيـل: يقـام عليهم الحد. وقيل: لا يقام.

٧- ألا يكون السارق ممن له إذن بالدخول إلى مكان حفظ المال، كسرقة الخادم من أمتعة البيت الـذي يعمل فيه.

٨- أن يكون الشيء المسروق ملكا للمسروق منه، أو أن يكون أمينا عليه أو ضامنا له.

٩- أن تكون السرقة في دار الإسلام.

ما يثبت به الحد ومكان القطع:

يثبت حد السرقة بإقرار السارق أو شهادة رجلين معروفين بـالتقوى. وإذا تـوفرت هـذه الشـروط قطعت يد السارق اليمنى من مفصل الكف أو الرسغ، فإذا سرق مرة ثانية قطعت قدمـه اليسـرى مـن مفصل القدم إن سرق ثالثة ورابعة، قيل يعزر فيحبس حتى يتوب، وقيل تقطع يـده اليسـرى في الثالثـة، وقدمه اليمنى في الرابعة.

وإذا كان السارق غنيا،أخذ منه المال المسروق إذا كان عنده، وإذا لـم يكـن عنـده فعليـه قيمتـه، وإن كان السارق فقيرا، فلا يؤخذ منه شيء.

ما يسقط به حد السرقة :

١- أن يكذب المسروق منه السارق بعد إقراره واعترافه بالسرقة.

٢- أن يكذب المسروق منه بينته، فيقول: شهد شهود بزور.

٣- أن يرجع السارق عـن الإقرار بالسرقة، ولا يقطع ويضمن المـال، لأن الرجـوع عـن الإقرار يقبل في الحدود، ولا يقبل في المال، لأنه يورث شبهة في الإقرار، والحد يسقط بالشبهة ولا يسقط بالمال.

٤- أن يرد السارق الشيء الذي سرقه إلى مالكه قبل المرافعة في السرقة.

٥- أن يكون المال المسروق في حيز من سرقه منه، قبل رفع الأمر إلى القاضي.

الثالث والاربعون: الطرار والنباش:

الطرار: هو النشال الذي يسرق من جيب الرجل، أو كمه أو من وعائه الذي يحفظ فيه الأشياء، سواء كان النشل بالقطع أم بالشق أم بإدخال اليد في الجيب. والطرار تقطع يده.

والنباش: هو الذي ينبش القبور ويسرق ما بها من أكفان الموتى، ويرى الأحناف أنه لا تقطع يده، لأن المسروق ليس له حرز، لكن جمهور العلماء يرون أنه تقطع يده، لأنه سارق، ولقول عائشة - رضي الله عنه ا- (سارق أمواتنا، كسارق أحيائنا) [الدارقطني].

ولقوله تعالى: ﴿ أَلَمْ نَجْعَلِ الْأَرْضَ كِفَاتًا ﴿٢٥﴾ أَحْيَاءً وَأَمْوَاتًا ﴿٢٦﴾ ﴾ [المرسلات].

الرابع والاربعون: الأسرى والسبي:

الأسري: هم الرجال الذين يظفر بهم المسلمون في ساحة القتال أحياء، ولولي الأمر أن يفعل في الأسري ما يراه الأصلح لمصلحة المسلمين، ويري الجمهور أن الإمام مخير بين أمور خمسة: القتل، والاسترقاق، والمن، والفداء، وضرب الجزية عليهم. ويري الأحناف أن الإمام مخير بين ثلاثة أمور: إما القتل، أو الاسترقاق، أو أن يتركهم أحرارا ذمة للمسلمين، إلا مشركي العرب، فإنهم إن لم يؤمنوا، يجب قتلهم، لقوله تعالى ﴿ قُل لِّلْمُخَلَّفِينَ مِنَ الْأَعْرَابِ سَتُدْعَوْنَ إِلَىٰ قَوْمٍ أُولِي بَأْسٍ شَدِيدٍ تُقَاتِلُونَهُمْ أَوْ يُسْلِمُونَ ﴾ [الفتح: ١٦]. ولقوله (لا يجتمع دينان في جزيرة العرب) [مالك وأحمد]. واستدل الفقهاء علي جواز قتل الأسري بقوله تعالى ﴿ فَإِذَا انسَلَخَ الْأَشْهُرُ الْحُرُمُ فَاقْتُلُوا الْمُشْرِكِينَ حَيْثُ وَجَدتُّمُوهُمْ ﴾ [التوبة: ٥] وقد قتل رسول الله (بعض الأسري يوم بدر.واسترقاق الأسري يرجع إلي

العمل بالمثل مع الأمم الأخرى بسبب الحرب، لقوله تعالى ﴿ فَإِذَا لَقِيتُمُ الَّذِينَ كَفَرُوا فَضَرْبَ الرِّقَابِ حَتَّىٰ إِذَا أَثْخَنتُمُوهُمْ فَشُدُّوا الْوَثَاقَ فَإِمَّا مَنًّا بَعْدُ وَإِمَّا فِدَاءً حَتَّىٰ تَضَعَ الْحَرْبُ أَوْزَارَهَا ﴾ [محمد: ٤].

وقد ثبت المن بقوله تعالى ﴿ فَإِمَّا مَنًّا بَعْدُ وَإِمَّا فِدَاءً حَتَّىٰ تَضَعَ الْحَرْبُ أَوْزَارَهَا ﴾. وقد من رسول الله (على ثمامة بن أثال الحنفي، سيد اليمامة، فأسلم [البخاري ومسلم]. كما من علي أهل مكة حين قال لهم: (اذهبوا فأنتم الطلقاء) [ابن هشام]. وقال في أسرى بدر: (لو كان المطعم بن عدي حيا، ثم كلمني في هؤلاء النتنى، لتركتهم له) [أحمد والبخاري]. وأما الفداء وهو تبادل الأسرى أو إطلاق سراحهم مقابل عوض، فلقوله تعالى: ﴿ فَإِمَّا مَنًّا بَعْدُ وَإِمَّا فِدَاءً حَتَّىٰ تَضَعَ الْحَرْبُ أَوْزَارَهَا ﴾.

السبي:

يقصد بالسبي النساء والأطفال الذين يأسرهم المسلمون في الحرب، وللإمام في السبي واحدة من أربعة: القتل، أو الاسترقاق، أو المن، أو الفداء، أما القتل فلا يجوز إلا إذا كانت النساء وكذلك الأطفال قد اشتركوا في الحرب، فيحق قتلهم أثناء القتال، وذلك لدفع الشر عن المسلمين. أما سوى ذلك ، فلا يجوز قتل النساء والأطفال، سواء أكانوا من أهل الكتاب أم من غيرهم كعبدة الأوثان، أو غيرهم من الكفار والمشركين، وإذا لم يجز القتل، خير الإمام بين الرق أو الفداء.

الخامس والاربعون: الكفــــارات:

الكفارة هي ما يكفر به الآثم من صدقة أو صلاة أو غير ذلك، وسميت الكفارات بهذا الاسم؛ لأنها تكفر الذنوب وتمحوها وتسترها، وتتعلق الكفارات بأبواب كثيرة من أبواب الفقه، هي: كفارة وطء الحائض :

يحرم على الرجل أن يطأ زوجته في دبرها ، لقوله صلى الله عليه وسلم (ملعون من أتى زوجته في دبرها فقد كفر بما جاء به محمد)، وقوله صلى الله عليه وسلم (من أتى زوجته في دبرها فقد كفر بما جاء به محمد) وكذلك يحرم عليه أن يطأها وقت الحيض في فرجها، فإن فعل ذلك، وجب عليه كفارة للإثم الذي ارتكبه إذا كان عامدا عالما بالتحريم، فيتصدق بدينار ذهبي إذا كان وطأها، في إقبال الدم (أي في بداية الحيض)، وبنصف دينار ذهبي إن كان وطأها في إدباره (أي في نهاية الحيض) لقوله صلى الله عليه وسلم في الذي أتى امرأته وهي حائضة: (أن يتصدق بدينار أو بنصف دينار) [رواه أبوداود والنسائي وابن ماجة]. وذلك لأن التصدق الذي هو كفارة حكم متعلق بالحيض، فلم يفرق بين أوله وآخره. - أي تجب عليه الكفارة سواء في بداية الحيض أو في آخره - وإذا وطأ الرجل زوجته بعد انقطاع الحيض، وقبل الطهر؛ فليس عليه كفارة، لأن سبب الطهارة قد زال، ولو وطأ أثناء الطهارة فحاضت أثناء الجماع لا كفارة عليه، وكذلك لا تجب الكفارة على الجاهل والناسي في الأظهر. وعلى المرأة كفارة إذا أغرت زوجها، أو رضيت بالوطء ، أما إذا كانت مكرهة أو غير عالمة بالحكم، فلا كفارة عليها، والمرأة النفساء كالحائض تماما بتمام.

دين الكفارة والزكاة:

تجب الزكاة بشروط، منها الحرية والإسلام، والبلوغ والعقل، وكون المال مما يجب فيه الزكاة، وبلوغ المال النصاب، والملك التام للمال، وحولان الحول، والزيادة عن الحاجة الأصلية، وعدم الدين، أما الدين الذي ليس له مطالب من جهة العبادة كدين النذور ودين الكفارة، والحج، فلا يمنع خروج الزكاة ولا يمنع الدين وجوب العشر في زكاة الثمار والزروع، كما لا يمنع خروج الكفارة فلا يمنع الدين وجوب التكفير بمال على الأصح .

كفارة الصوم :

تجب الكفارة على من جامع زوجته في نهار رمضان عمدا؛ لأنه إفساد صوم رمضان خاصة بغرض انتهاك حرمة الصوم، من غير سبب مبيح للفطر . فعن أبي هريرة - رضي الله عنه - قال: جاء رجل إلى النبي (فقال: هلكت يا رسول الله. قال: (وما أهلكك ؟) قال: وقعت على امرأتي في رمضان. قال: (هل تجد ما تعتق رقبة ؟) قال: لا. قال:(فهل تستطيع أن تصوم شهرين متتابعين؟) قال: لا. قال:(فهل تجد ما تطعم ستين مسكينا). قال : لا . قال أبو هريرة: ثم جلس فأتى النبي (بعرق (مكتل) فيه تمر. قال:(تصدق بهذا). قال: فما بين لا بتيها أهل بيت أحوج إليه من منا ؟! فضحك النبي (حتى بدت نواجذه، وقال: (اذهب، فأطعمه أهلك).[رواه الجماعة].

أنواع كفارة الصوم :

كفارة الجماع في نهار رمضان ثلاثة أنواع: العتق، والصيام، والإطعام .

١- العتق: ويقصد به تحرير رقبة أيا كان نوعها ولو غير مؤمنة، واشترط الأحناف أن تكون مؤمنة وعتق الرقبة أصبح غير موجود الآن، فسقط في عصرنا، ويعود بعودة العبيد.

٢- الصيام : فإن عجز عن العتق، أو لغياب العتق، فيجب عليه صوم شهرين متتابعين، ليس فيهما يوم عيد، ولا أيام تشريق، ويجب عليه التتابع إلا إذا أفطر ناسيا أو لغلط في العدد. أما إذا تعمد، فيجب عليه أن يبدأ الصوم من جديد .

٣- الإطعام : فإن لم يستطع الصوم، لمرض أو ضعف شديد، فإنه يطعم ستين مسكينا، لكل مسكين غداء وعشاء ، ومن عجز عن أي نوع من الكفارات، تلزمه في ذمته، وقضاؤها دين عليه متى استطاع، أو تيسر له .

تكرار الكفارة:

وتكرار الكفارة له حالتان:

١- أن يجامع الرجل زوجته أكثر من مرة في يوم واحد، وهذا عليه كفارة واحدة باتفاق العلماء .

٢- أن يتكرر الجماع في أكثر من يوم، وهذا عليه لكل يوم كفارة على الأرجح .

كفارة اليمين :

إذا أقسم الإنسان على شيء ، وحنث في حلفه، بأن فعل ما حلف على تركه،أو ترك ما حلف على فعله، فتجب عليه كفارة اليمين، وهي الإطعام أو الكسوة، أو عتق رقبة، فإن لم يستطع، فعليه صيام ثلاثة أيام سواء أكانت متتابعة أم منفردة، قال تعالى: ﴿ لَا يُؤَاخِذُكُمُ اللَّهُ بِاللَّغْوِ فِي أَيْمَانِكُمْ وَلَٰكِن يُؤَاخِذُكُم بِمَا عَقَّدتُّمُ الْأَيْمَانَ ۖ فَكَفَّارَتُهُ إِطْعَامُ عَشَرَةِ مَسَاكِينَ مِنْ أَوْسَطِ مَا تُطْعِمُونَ أَهْلِيكُمْ أَوْ كِسْوَتُهُمْ أَوْ تَحْرِيرُ رَقَبَةٍ ۖ فَمَن لَّمْ يَجِدْ فَصِيَامُ ثَلَاثَةِ أَيَّامٍ ۚ ذَٰلِكَ كَفَّارَةُ أَيْمَانِكُمْ إِذَا حَلَفْتُمْ ۚ وَاحْفَظُوا أَيْمَانَكُمْ ۚ كَذَٰلِكَ يُبَيِّنُ اللَّهُ لَكُمْ آيَاتِهِ لَعَلَّكُمْ تَشْكُرُونَ ﴾ [المائدة :٨٩].

واختلف في إخراج القيمة عن الإطعام والكسوة، فالجمهور على المنع، وأجازه أبو حنيفة - رضي الله عنه ، كما يرى الجمهور جواز تقديم الكفارة على الحنث وتأخيرها عليه،واستدلوا بقول النبي (: " من حلف على يمين، فرأى غيرها خيرا منها، فليكفر عن يمينه ليفعل". [مسلم وأبوداود والترمذي]. وقالوا: إن تقديم الكفارة يجعل القدوم على الحنث لا يعتبر إقداما على غير مشروع أو إقداما في فعل الإثم،لأن تقديم الكفارة يجعل الشيء المحلوف عليه مباحا، ولأن من قدم الحنث على الكفارة هو شارع في معصية،ولا يدري أن يتمكن قبل موته من الكفارة أم لا، ولا يمنع ذلك عندهم جواز تأخير الكفارة، لقوله النبي (:(من حلف على يمين

فرأى غيرها خيرا منها، فليأتها، وليكفر عن يمينه) [مسلم]. ويرى أبو حنيفة أن الكفارة لا تجب إلا بعد الحنث، لأن الكفارة سبب للحنث،لا تجب إلا بعد وقوعه، واستدل بقول النبي (:(فليكفر عن يمينه، وليفعل الذي هو خير) مسلم].

كفارة النذر :

كفارة النذر ككفارة اليمين، لحديث ابن عباس - رضي الله عنه ما - أن رسول الله (قال :(من نذر نذرا لم يسمه، فكفارته كفارة يمين، ومن نذر نذرا في معصيه الله، فكفارته كفارة يمين، ومن نذر نذرا لا يطيقه، فكفارته كفارة يمين، ومن نذر نذرا أطاقه فليف به) [مسلم وأبو داود والنسائي].

كفارة القتل:

تجب كفارة القتل في حالتين: في القتل الخطأ، وفي القتل العمد إذا عفا ولي الدم. أولا الكفارة في القتل الخطأ: إذا فعل الإنسان شيئا يباح له، فقتل غيره خطأ، كأن يكون أراد الصيد فأصاب مسلما معصوم الدم، أو حفر حفرة، فتردى فيها إنسان غيره، أو فعل شيئا كان السبب في قتل غيره، ولم يكن يقصد إيذاء. فضلا عن غرض القتل، فهو قتل الخطأ، ويلحق بالقتل الخطأ القتل العمد الصادر من غير المكلف، كالصبي والمجنون، فتجب الكفارة حينئذ، ويجب أن تكون الكفارة من مال القاتل، بالإضافة إلى الدية المخففة، إذا كان قادرا. وكفارة القتل الخطأ تحرير رقبة مؤمنة، ولم تعد هناك رقاب في زماننا، فتكون كفارة القتل الخطأ مقصورة على صيام شهرين متتابعين، فإذا وجد العبيد في زمن رجع الحكم؛ قال تعالى: ﴿وَمَا كَانَ لِمُؤْمِنٍ أَن يَقْتُلَ مُؤْمِنًا إِلَّا خَطَـًٔا ۚ وَمَن قَتَلَ مُؤْمِنًا خَطَـًٔا فَتَحْرِيرُ رَقَبَةٍ مُّؤْمِنَةٍ وَدِيَةٌ مُّسَلَّمَةٌ إِلَىٰٓ أَهْلِهِۦٓ إِلَّآ أَن يَصَّدَّقُوا۟ ۚ فَإِن كَانَ مِن قَوْمٍ عَدُوٍّ لَّكُمْ وَهُوَ مُؤْمِنٌ فَتَحْرِيرُ رَقَبَةٍ مُّؤْمِنَةٍ ۖ وَإِن كَانَ مِن قَوْمٍۭ بَيْنَكُمْ وَبَيْنَهُم مِّيثَـٰقٌ فَدِيَةٌ مُّسَلَّمَةٌ إِلَىٰٓ أَهْلِهِۦ وَتَحْرِيرُ رَقَبَةٍ مُّؤْمِنَةٍ ۖ فَمَن لَّمْ يَجِدْ فَصِيَامُ

﴿شَهْرَيْنِ مُتَتَابِعَيْنِ تَوْبَةً مِّنَ ٱللَّهِۗ وَكَانَ ٱللَّهُ عَلِيمًا حَكِيمًا﴾ [النساء : ٩٢]. وإذا اشترك اثنان فأكثر في قتل رجل واحد خطأ ، قيل يجب الكفارة على كل واحد منهم، وقيل : يجب عليهم كلهم كفارة واحدة.

الكفارة في القتل العمد :

إذا اقتص من القاتل العمد، فلا تجب عليه كفارة، فالقصاص كاف، أما إذا عفا أولياء القتيل، فتجب عليه الدية والكفارة .وجمهور الفقهاء يرون أن القتل العمد ليس فيه كفارة ؛ لأنه إثم كبير، تكفيره القصاص بقتل القاتل، قال تعالى: ﴿وَمَن يَقْتُلْ مُؤْمِنًا مُّتَعَمِّدًا فَجَزَآؤُهُۥ جَهَنَّمُ خَٰلِدًا فِيهَا وَغَضِبَ ٱللَّهُ عَلَيْهِ وَلَعَنَهُۥ وَأَعَدَّ لَهُۥ عَذَابًا عَظِيمًا﴾ [النساء: ٩٣]. ويرى الشافعية أن الكفارة تجب في القتل العمد، لأن الكفارة إن شرعت لتكفير الإثم في القتل الخطأ، فهي في القتل العمد أولى. كفارة يمين الإيلاء: إذا حلف الرجل إيلاء على زوجته ألا يقربها مدة أكثر من أربعة أشهر، وقبل هذه المدة أراد أن يراجع زوجته، فعليه كفارة يمين الإيلاء ، فإن كان الحلف بالله أو صفة من صفاته، فقال: و الله لا أقربك. فعلية كفارة يمين، وهي إطعام عشرة مساكين أو كسوتهم أو تحرير رقبة . فإن لم يجد شيئا من ذلك، وجب عليه صيام ثلاثة أيام. وإذا كان الحلف بالشرط والجزاء، مثل : إن قربتك فعلي فعل كذا، فيجب عليه الفعل الذي اشترطته على نفسه، ولا يكون هناك إيلاء بعد الكفارة،قال تعالى: ﴿لَّا جُنَاحَ عَلَيْكُمْ إِن طَلَّقْتُمُ ٱلنِّسَآءَ مَا لَمْ تَمَسُّوهُنَّ أَوْ تَفْرِضُوا۟ لَهُنَّ فَرِيضَةً ۚ وَمَتِّعُوهُنَّ عَلَى ٱلْمُوسِعِ قَدَرُهُۥ وَعَلَى ٱلْمُقْتِرِ قَدَرُهُۥ مَتَٰعًۢا بِٱلْمَعْرُوفِ ۖ حَقًّا عَلَى ٱلْمُحْسِنِينَ ﴿٢٣٦﴾ وَإِن طَلَّقْتُمُوهُنَّ مِن قَبْلِ أَن تَمَسُّوهُنَّ وَقَدْ فَرَضْتُمْ لَهُنَّ فَرِيضَةً فَنِصْفُ مَا فَرَضْتُمْ إِلَّآ أَن يَعْفُونَ أَوْ يَعْفُوَا۟ ٱلَّذِى بِيَدِهِۦ عُقْدَةُ ٱلنِّكَاحِ ۚ وَأَن تَعْفُوٓا۟ أَقْرَبُ لِلتَّقْوَىٰ ۚ وَلَا تَنسَوُا۟ ٱلْفَضْلَ بَيْنَكُمْ ۚ إِنَّ ٱللَّهَ بِمَا تَعْمَلُونَ بَصِيرٌ ﴿٢٣٧﴾﴾ [البقرة].

والطلاق الذي يقع بسبب الإيلاء طلاق بائن، لأنه لو كان رجعيا؛ لأمكن للزوج أن يجبر زوجته على الرجعة، وللحقها ضرر واضح، ويرى البعض أنه طلاق رجعي.

كفارة الظهـــار:

الظهار هو قول الرجل لزوجته: أنت على كظهر أمي. وهو نوع من أنواع الطلاق في الجاهلية، لأن الرجل يقصد به تحريم زوجته عليه، كما حرم عليه أخته وأمه، ولقد ظاهر أوس بن الصامت من زوجته خولة بنت ثعلبة، فلما ذهبت تشتكي إلى رسول اللـه (نزل القرآن يوضح حكم الظهار في الإسلام، وأوضح كفارته .وقد جاء القرآن بكفارة الظهار، قال تعالى: ﴿ وَٱلَّذِينَ يُظَٰهِرُونَ مِن نِّسَآئِهِمْ ثُمَّ يَعُودُونَ لِمَا قَالُواْ فَتَحْرِيرُ رَقَبَةٍ مِّن قَبْلِ أَن يَتَمَآسَّاۚ ذَٰلِكُمْ تُوعَظُونَ بِهِۦۚ وَٱللَّهُ بِمَا تَعْمَلُونَ خَبِيرٌ ۝٣ فَمَن لَّمْ يَجِدْ فَصِيَامُ شَهْرَيْنِ مُتَتَابِعَيْنِ مِن قَبْلِ أَن يَتَمَآسَّاۖ فَمَن لَّمْ يَسْتَطِعْ فَإِطْعَامُ سِتِّينَ مِسْكِينًاۚ ذَٰلِكَ لِتُؤْمِنُواْ بِٱللَّهِ وَرَسُولِهِۦۚ وَتِلْكَ حُدُودُ ٱللَّهِۗ وَلِلْكَٰفِرِينَ عَذَابٌ أَلِيمٌ ۝٤ ﴾ [المجادلـة]. ولمـا جاءت خولة تشتكي إلى النبي (فقال النبي (:(يعتق رقبة). قالت للنبي(:لا يجد. فقال النبي (: (فيصوم شهرين متتابعين). قالت خولة: يا رسول اللـه (إنه شيخ كبير، ما به من صيام. قال النبي (: (فليطعم ستين مسكينا). قالت خولة: ما عنده شيء يتصدق به، فأتى بعرق من تمر، فقالت خولة: فإني سأعينه بعرق آخر. فقال لها النبي (: (قد أحسنت، اذهبي، فأطعمي بهما عنه ستين مسكينا، وارجعي إلى ابن عمك). يقصد زوجها. [أبو داود].

والكفارة ثلاثة أنواع :

أولا: عتق رقبة سالمة من العيوب، صغيرة كانت أو كبيرة، ذكرا أو أنثى .

ثانيا : فإن لم يجد -كما هو الحال في عصرنا- فصيام شهرين متتابعين، فإن أفطر عامدا في يـوم اسـتأنف الصوم من أوله.

ثالثا : فإن كان مريضا بحيث لا يستطيع أن يصوم، فيطعم ستين مسكينا.

السادس والاربعون: المعاوضـــــة :

هو العقد الذي ينشأ عنه التزام إرادي حر بين المتعاقدين بأداء التزاماتهما المتقابلة أخـذا وعطـاء لتملك عين أو الاستفادة من منفعة أو خدمة أو اكتساب حق مالي مقابل ثمن.

الأصل في العقود :

هو وجوب الوفاء بها ما دامت مشروعة وحسب رضا الطرفين ولا يجوز الإخلال بها لقولـه تعـالى من سورة المائدة(يا أيها الذين آمنوا أوفوا بـالعقود) ثانيـا: أنـواع العقـود العوضية وخصائصها: العقـود العوضية عامة على أربعة أنواع:

العقد	الإتفاق	عدد
البيع	مبادلة الشيء بثمنه	١
الكراء	مبادلة منفعة الشيء بثمنه	٢
الإجارة	مبادلة المال بعمل	٣
الشركة	مخالطة مال بعمل بنسبة من الربح	٤

عقد مبادلة الشيء بثمنه (عقد البيع نموذجا)

تعريف البيع هو : مبادلة مال قابل للتصرف فيه بمال مثله مع الإيجاب والقبول على الوجه المأذون به

شرعا حكمه : جائز شرعا للأدلة الشرعية الكثيرة قال تعالى(وأحل الله البيع وحرم الربا) أركانه وشروط كل ركن:

العاقدان : ويشترط فيهما-التمييز-الرشد-الاختيار – الملك الصحيح

المعقود عليه(المحل) وشروطه-الطهارة-وجود المنفعة-كونه معلوما-القدرة على التسليم والتسلم-كونه غير منهي عن بيعه الصيغة وهي الإيجاب والقبول وكل ما يدل على الرضى.

خصائص عقد البيع

كونه ملزما للمتعاقدين ناقل للملكية بين الطرفين رضائي عوضي.

عقد مبادلة منفعة الشيء بثمن نموذج عقد الكراء

تعريف الكراء هو: عقد يمنح المكري بمقتضاه للمكتري منفعة منقول أو عقار مدة محددة بعوض محدد

حكمه : الجواز شرعا للأدلة الشرعية الكثيرة.

أركانه وشروط كل ركن:

العاقدان : ويشترط فيهما التمييز-الرشد-الاختيار – الملك الصحيح

منفعة العين المكتراة: ويشترط فيها أن تتكون : معلومة مباحة مقدورا على تسليمها.

سومة الكراء: وشرطها أن تكون مالا معلوم القدر والصفة

خصائص عقد الكراء :

ملزم للمتعاقدين نفعي لا تصرفي مقيـد بـزمن مشـاهرة أو وجيبـة مقيـد بمنفعـة العـين المكتراة رضائي عوضي عقد مبادلة المال بعمل نموذج عقد الاجارة الإجارة: هـي التي يكون المعقود عليـه فيهـا عملا معلوما مقابل أجرة محددة أركانها وشروط كل ركن:

العاقدان : ويشترط فيهما الشروط السابقة.

الأجرة: ويشترط فيها كونها معلومة القدر أو العدد معلومة الأجل زمنا أو عمـلا العمـل: وشرطـه كونه مباحا لا محرما ولا واجبا.

خصائص عقد الإجارة : أنه ملزم للمتعاقدين التبعية فإرادة الأجير مقيدة بإرادة المستأجر رضائي عوضي. عقد مخالطة مال بعمل مقابل اقتسام الربح نموذج عقد شركة القراض شركة القراض هي : عقـد على الاشتراك في الربح الناتج من مال يكون من شريك والعمل من الشريك الآخر

وحكمها : الجواز أركانها

الشريكان أو الشركاء المعقود عليه المال والعمل الصيغة.

شروطها:

كون رأس المال نقدا جار به العمل وقت العقدعدم اشتراط أحد الشريكين لنفسه ربحا ينفرد بـه كون رأس المال محدد المقدار عدم تحديد أجل معلوم للعمل في مال القـراض عـدم اشتراط ضـمان رأس المال خصائص عقد شركة القراض:

أنه استثماري غير مقيد بزمن عوضي مقاصد العقود العوضية :

مقاصد تربوية: كوجوب الوفاء- وتكسب المسلم خلق العفة باعتبار أن العقد وثيقة تثبت حق الغير. مقاصد تنظيمية: حيث استطاع التشريع المالي الإسلامي أن يؤسس بواسطتها أنشطة اقت:

السابع والاربعون: المنفعـــــة:

هي في اللغة: اسم ماانتفع به، يقال: نفعه بكذا فانتفع به وفي الاصطلاح: كل مايقوم بالأعيان من أعراض، ومايتنج عنها من غلة كسكن الدار، وأجرتها، وثمرة البستان، ولبن الدابة . وملك المنفعة قد يكون بملك العين، وقد يكون ملك المنفعة دون العين، كالإجارة، والإعارة، والوصية بالمنفعة، والوقف، وقد يكون الملك للانتفاع، لا للمنفعة- على ما سيأتي بيانه عند الكلام على "الملك"-ولقد انبنى على خلاف الفقهاء في معنى المال وتعريفه: الخلاف في المنفعة، من حيث حقيقتها، وما إذا كانت تندرج تحت مسمى المال، فتملك كما يملك المال، ويجري عليها مايجري عليه من التصرفات. وإن الوقوف على حقيقة المنفعة والخلاف فيها بين الفقهاء، يخدم موضوع الاسم التجاري، بل هو صلب موضوعه كما سيتبين.

ملك المنفعة وحق الانتفاع:

قد يظن أن ملك المنفعة وحق الانتفاع شئ واحد، وهما مختلفان. فجمهور الفقهاء المالكية والشافعية والحنابلة يفرقون بينهما: قال القرافي: تمليك الانتفاع نريد به أن يباشر هو بنفسه فقط، وتمليك المنفعة هو أعم وأشمل، فيباشر بنفسه، ويمكن غيره من الانتفاع بعوض الإجارة، وبغير عوض كالعارية. ومثل لملك الانتفاع: بسكن المدارس، والرباط، والمجالس في الجوامع، والمساجد، والأسواق، ونحو ذلك، فله أن

ينتفع بنفسه فقط، ولوحاول أن يؤاجر بيت المرسة أو يسكن غيره، أويعـاوض عليـه بطريـق مـن طرق المفاوضات امتنع ذلك. ومثل لملك المنفعة بمن استأجر دارا أو استعارها، فله أن يؤاجرها من غـيره، أو يسكنه بغير عوض، ويتصرف في هذه المنفعة تصرف الملاك في أملاكهم، على جري العادة، عـلى الوجـه الذي ملكه، فهو تمليك مطلق في زمن خاص حسبما تناوله عقد الإجارة، أو شهدت به العادة في العاريـة، ثم قال: ويكون تمليك هذه المنفعة كتمليك الرقاب ، وبمثل هـذه التفرقـة، قـال العـدوي المـالكي: "مالـك الانتفاع ينتفع بنفسه، ولايؤجر، ولايعير، ومالك المنفعة له تلك الثلاثة، مع انتفاعه بنفسه" . ويفهـم مـن كلام الفقهاء هذا التفرقة بين المنفعة والانتفاع، من حيث المنشأ والآثار، وخلاصة ماقيل في الفـرق بيـنهما وجهان: الأول: أن سبب حـق الانتفـاع أعـم مـن سـبب ملـك المنفعـة، لأنـه كـما يثبـت بـبعض العقـود: كالإجارة، والإعارة مثلا، كذلك يثبت بالإباحة الأصلية، كالانتفاع مـن الطـرق العامـة، والمسـاجد، ومواقـع النسك، ويثبت أيضا بالأذن من مالك خاص، كما لوأباح شخص لآخر أكل طعـام مملـوك لـه، أواسـتعمال بعض ما يملك. أما المنفعة فلاتملك إلا بأسباب خاصة، هي: الإجارة، والإعارة، والوصية بالمنفعة، والوقـف. وعلى ذلك، فكل من يملك المنفعة يسوغ له الانتفاع، ولا عكس، فليس مل من له الانتفاع يملـك المنفعـة، كما في الإباحة مثلا. لثاني: أن الانتفاع المحض حق ضعيف بالنسبة لملـك المنفعـة يملكهـا ويتصرف فيهـا تصرف الملاك في الحدود الشرعية، بخلاف حق الانتفـاع المجـرد، لأنـه رخصـة لايتجـاوز شـخص المنتفـع . وعلى هذا فإن ملك المنفعة أهم وأقوى من حق الانتفاع، فمـن ملـك شـيئا تصرف فيـه لخاصـة نفسـه، أوتصرف فيه لغيره، بأي صورة من صور التصرف، ومن له حق الانتفاع لايحق له التصرف فيه لغـيره. أمـا الحنفية فلا تظهر لهم تفرقة بين المنفعة وحق الانتفاع.

أدلة الجمهور في اعتبار المنفعة مالا:

استدل الجمهور على مذهبهم في اعتبار المنفعة مالا بأدلة:

الأول: أن المنافع على الأعيان، بجامع أن كلا منهما مال، فيجب الضمان كما في الغصب والإتلاف. وبيان ذلك:"أن المال اسم لما هو مخلوق لإقامة مصالحنا به، مماهوعندنا، والمنافع منا أو من غيرنا بهذه الصفة، وإنما تعرف مالية الشئ بالتمول، والناس يعتادون تمول المنفعة بالتجارة فيها، فإن أعظم الناس تجارة الباعة، ورأس مالهم المنفعة، ومنه يتبين أن المنافع في المالية مثل الأعيان "وقال الملكية:"المنافع متمولة يعاوض عنها" "والقياس أن تجري المنافع والأعيان مجرى واحدا" ومن جانب آخر: فإن المنفعة تصلح أن تكون صدقا، وهذا دليل اعتبارها مالا، لأن صحة الصدق أن يكون المسمى مالا. ويجوز أخذ العوض عنها في الإشارة، وكذا منافع الحر مال يضمن بالإتلاف، إلا أنه إذا حبس حرا مجرد الحبس لايضمن منافعه، لأنه لم يوجد من الحابس إتلاف منافعة، ولا إثبات يده عليه، بل منافع المحبوس في يده. ويتبين أيضا مثلية المنافع للأعيان بجامع المالية في كل من العقد الفاسد، لأن الضمان بالعقد الفاسد يتقدر بالمثل شرعا، كما بالإتلاف، وهذا بخلاف رائحة المسك، فإن من اشتم مسك غير لا يضمن شيئا، لأن الرائحة ليست بمنفعة، ولكنها بخار يفوح من العين كدخان الحطب، ولهذا لايملك بعقد الإجارة، حتى لو استأجر مسكا ليشمه لايجوز، ولايضمن بالعقد أيضا، صحيحا كان أوفاسدا.

الثاني: أن المنفعة متقومة:

قال الجمهور: إن المنفعة متقومة، وكل متقوم فهو مضمون بقيمته، بل إن المنفعة تقوم بها الأعيان، "فيستحيل أن لاتكون متقومة بنفسها، ولأنها تملك بالعقد، ويضمن

به، صحيحا كان أوفاسدا، وإنما يملك بالعقد ماهو متقوم، فيضمن بالإتلاف وإن لم يكن مالا، كالنفوس والأبضاع".

الثالث: أن الطبع يميل إليها، ويسعى في ابتغائها وطلبها، وتنفق في سبيلها الأموال، ويقدم في سبيلها نفيس الأشياء ورخيصها. وأن المصلحة في التحقيق تقوم بمنافع الأشياء لابذواتها، فالذوات لاتصير أموالا إلا بمنافعها، فلاتقدم إلا بمقدور مافيها من منفعة، إذ كل شئ لامنفعة فيه لايكون مالا. الرابع: أن العرف العام في الأسواق والمعاملات المالية يجعل المنافع غرضا ماليا ومتجرا يتجر فيه. الخامس: أن الشارع اعتبر المنافع أموالا، لأنه أجاز أن تكون مهرا في الزواج، ولا يكون مهرا في الزواج إلا المال، ﴿وَأُحِلَّ لَكُم مَّا وَرَآءَ ذَٰلِكُمْ أَن تَبْتَغُواْ بِأَمْوَٰلِكُم مُّحْصِنِينَ غَيْرَ مُسَٰفِحِينَ﴾ [النساء : ٢٤] قال السادس: أن العقد قد ورد على المنافع، فتكون مضمونة به حينئذ، سواء أكان العقد صحيحا أم فاسدا، وضمانها دليل على أنها تكون مالا بالعقد عليها. ولولم تكن أموالا في ذاتها ما قلبها العقد مالا، لأن العقود لاتقلب حقائق الأشياء، بل تقرر خواصها.

وقد استدل الحنفية لمذهبهم بأدلة عديدة، سنذكر أهمها مع مناقشتنا لما يمكن أن يتوجه للدليل من إيراد: أولا: أن المنفعة ليست مالا متقوما. قال الحنفية: إن المنفعة ليست بمال متقوم، لذا لاتضمن بالإتلاف، الخمر والميتة. وبيان ذلك: أن صفة المالية للشئ إنما تثبت بالتمول، والتمول صيانة الشئ وادخاره لوقت الحاجة، والمنافع لاتبقي وقتين، ولكنها أعراض- كما تخرج من حيز العدم إلى حيز الوجود- تتلاشى، فلايتصور فيها التمول، وعلل لذلك: بأن المتقوم لايسبق الوجود، فإن المعدوم لايوصف بأنه متقوم، إذ المعدوم ليس بشئ، وبعد الوجود التقوم لايسبق الإحراز،

والإحراز بعد الوجود لايتحقق فيما لايبقى وقتين، فكيف يكون متقوما؟وعلى هذا قالوا:"الإتلاف لايتصور في المنفعة" . وقال صدر الريعة:" لاتضمن النافع بالمال المتقوم، لأنها غير متقومة، إذ لاتقوم بلا إحراز، ولا إحراز بقاء، ولابقاء للأعراض" وقد يرد على كلام السرخسي- وصدر الشريعة: بأن المنفعة متمولة، ودليل تمولها اعتياد الناس واعتبارهم لها في تجارتهم ومعايشهم. والمنفعة باقية مابقيت العين، وتجددها مستمر لبقاء العين، وأيضا فإن الإتلاف متصور في المنافع، وقد أقر بذلك الحنفية أنفسهم في قولهم:"إن إتلاف المنافع لا يضمن مالم يكن بعقد أوشبهة عقد" . وعدم ضمانها عندهم لا لعدم تصورها وإنما لإهمالها، وكلامهم في فروع المسألة دليل على اعتبار وجودها. ثانيا: أن المنفعة لاتماثل العين. قال السرخسي:"لئن سلمنا أن المنفعة مال متقوم، فهو دون الأعيان في المالية، وضمان العدوان مقدر بالمثل بالنص، ألاترى أن المال لايضمن بالنسبة، والدين لا يضمن يالعين، لأنه فوقه، فكذلك المنفعة لاتضمن بالعين. ثم فصل دليله فقال: إن المنفعة عرض يقوم بالعين، والعين جوهر يقوم به العرض، ولايخفي على أحد التفاوت بينهما، والمنافع لا تبقي وقتين، والعين لاتضمن بالمنفعة قط، ومن ضرورة كون الشئ مثلا لغيره أن يكون ذلك الغير مثلا له أيضا، والمنفعة لاتضمن بالمنفعة عند الإتلاف، والمماثلة بين المنفعة والمنفعة أظهر من المماثلة باعتبار الأصل، بل على المرضاة، وكيف ينبني على المماثلة والمقصود بالعقد طلب الربح؟ وقد يرد على السرخسي بأنه لايلزم من كونه المنفعة دون لأعيان وأنها ليست مثلا لها، وأنها عرض من أن لاتكوون مالا ومتقومة، ثم إن محل النزاع ليس في مماثلتها للأعيان أو عدمه، وإنما هو في ماليتها وتقومها. أيضا لايسلم السرخسي: أن المنافع دون الأعيان مطلقا، إذ الأعيان تقوم بالمنفعة، وإنما يتوصل بالأعيان إلى المنافع، فالمقصود منافع الأعيان لا ذاتها. ثالثا: إن المنفعة قبل كسبها معدومة، والمعدوم ليس مالا. قال السرخسي:" إن

الإتلاف لايحل المعدوم، وبعد الوجود لايبقى لحله فعل الإتلاف"، فكأنه يرى: أن المنفعة معدومة غير موجودة، فلا يبقى لحله فعل الإتلاف"، فكأنه يرى: أن المنفعة معدومة غير موجودة، فلايمكن أن يوجد السبب، ولذا قال:" وإثبات الحكم بدون تحقيق السبب لايجوز" ولما كان الحنفية قد اشترطوا لجواز ضمان المنفعة أن تكون بعقد، وهذا في حد ذاته استشكشال وجيه على رأيهم. قال السرخسي محولا رفع هذا الإشكال: "بالعقد يثبت للمنفعة حكم الإحراز والتقوم شرعا بخلاف القياس،وكان ذلك باعتبار إقامة العين المنتفع به مقام المنفعة ، لأجل الضرورة والاجة ، ولا تتحقق مثل هذه الحاجة في العدوان، فتبقى الحقيقة معتبرة ، وباعتبارها ينعدم التقوم والإتلاف" وقد يقال للحنفية : إنكم قلتم بخلاف ذلك في الصداق واستئجار الولي، فاعتبرتموه ، ولا عدوان فيه. وقد رد السرخسي هذا بقوله : " في الصداق واستئجار الولي إنما يظهر حكم الإحراز والتقوم بالعقد للحاجة ،والمل اسم لما هو مخلوف لإقامة مصالحنا به، ولكن باعتبار صفة التمول والإحراز " . وقد يقال له : إننا لا نسلم أن المال معتبر بالتمول والإحراز فحسب،بل هو أعم ليشمل ما يمكن إحرازه كالمنفعة.

الأصل في قاعدة : " هل المعدوم شرعا كالمعدوم حسا ؟ " و ارتباطها بالقاعدة الأصولية :"هل النهي يقتضي الفساد ؟" ...دعوة للمناقشة من نافلة القول إن التقعيد الفقهي يستند الى المنهج العلمي في جمع فروع الفقه و مسائله و جزئياته تحت صياغة متماسكة ، و لا يمكن للقاعدة الفقهية أن تلبس لبوس الشرع إلا إذا استندت الى أصل من أصوله أو مصدر من مصادره .و لهذا جاء في تعريف القاعدة الفقهية بأنها " حكم كلي مستند الى دليل شرعي " [٩١] ، فإذا افتقرت لقاعدة الى السند الشرعي كان بديهيا ألا يلتفت إليها لأن مدار الأمر في القواعد الفقهية على الشرع ، و في هذا الخصوص يقول محمود مصطفي عبود في شأن القواعد الفقهية :" و هذه القواعد لم توضع في الفقه

الإسلامي هكذا اعتباطا بدون دليل ، بل لكل قاعدة دليلها و مصدر ثبوتها من الكتاب أو السنة أو الإجماع أو المعقول ".

و قاعدة : هل المعدوم شرعا كالمعدوم حسا ؟ تستند فب أصل مشروعيتها الى القيا س حيث أن "الاعتداد في تقدير الأمور على الحقيقة إنما هو الشرع ، فما اعتد به الشرع و أثبته فهو موجود ، و لو لم يكن له وجود حسي في الخارج ، و ما اهمله الشرع و ألغاه فهو غير موجود ولو كان ماثلا للعيان .

بمعنى أن الشرع هو الأساس الذي ينبني عليه اعتبار الاشياء و تقويمها ، فإذا كان للشيء وجود حسي تراه الاعين و تلمسه الأيدي لكن الشرع لم يعتبره فإن ذلك الوجود الحسي يكون كالعدم الذي لا أثر له ، أي أن " الشيء الذي لم يأذن به الشارع إن وجد لم يترتب عليه حكم شرعي ، و مثله مثل المعدوم حسا لم يترتب عليه حكم شرعي " و " الأصل في هذه التسوية هو القياس ، بمعنى أن الشيء إذا كان معدوما بحكم الشرع فإنه يقاس على المعدوم حسا وحقيقة بجامع الانعدام في كل منهما ".لكن القاعدة الفقهية موضوع النقاش لم تات بصيغة واحدة بل سيقت بمجموعة من الصيغ التي تدل على الاختلاف فيها ، و انها ليست محل إجماع فقد ساقها الونشريسي- في إيضاح السالك بقوله :" المعدوم شرعا هل هو كالمعدوم حسا ؟ " بصيغة الاستفهام بينما ساقها المقري بهكذا صيغة :" المشهور من مذهب مالك أن المعدوم شرعا كالمعدوم حقيقة " .و الحقيقة أن فروع القاعدة توضح بما لا يدع مجالا للشك أن لا إجماع حولها ، و أن القاعدة تنطبق على بعض الجزئيات دون بعض. و السبب في الخلاف حول القاعدة "راجع الى تحديد العلة ، فمن راى أن المعدوم بحكم الشرع فاسد لا حقيقة له في الواقع حكم عليه بحكم المعدوم حسا ، و اعتبر العلة بينهما واحدة ، و من رأى أن

المعدوم شرعا لا تفسد حقيقته في الواقع لم يقسه على المعدوم حسا و اعتبر العلة بينهما مختلفة". وهذه القاعدة مرتبطة ارتباطا وثيقا بالقاعدة الاصولية : " هل النهي يقتضي الفساد؟ " و لعل الارتباط الوثيق بين القاعدتين هو السبب الـذي ألجـأ المنجور الى التعبير عـن القاعدة الفقهية " هـل المعدوم شرعا كالمعدوم حسا ؟ " بنفس لفظ القاعدة الأصولية وقال:" النهي هل يدل على فساد المنهي عنه أم لا ؟ " .أما محمد أمين بن احمد زيدان الشنقيطي فقـد فرق بـين القاعدة الفقهية و القاعدة الاصولية ، فمما جاء في شرحه على نظم الزقاق ما يلي:

هل يقتضي تكرار الأمر و هل يصير منهي بنهي مضمحل أي الأمر هـل يقتضيـ التكرار أو لا ؟ و هل النهي يصير المنهي عنه باطلا كالعدم أو لا ؟ و هو كقولهم: النهي هل يدل عل فساد المنهي عنه أو لا؟ لكن الأصل الأخير راجع الى قـولهم المعدوم شرعـا هـل هـو كالمعدوم أو لا ؟ "(٩٢) مفهـوم كلامـه أن القاعدة الأصولية أصل لكنه راجع الى القاعدة الفقهية ، فكانـه بكلامـه السـابق جعل القاعدة الفقهيـة أصل و القاعدة الأصولية فرع .

و نفس الكلام ذكره في كتابه : المنهج الى المنهج الى أصول المـذهب المبرج .بيد ان محمـد الأمين الشنقيطي عالم جليل القدر ، و لا يمكن ان يقصد بكلامه أن القاعدة الفقهيـة أصل للقاعدة الاصولية ، فلعله يريد بكلامه المبالغة في توضيح الترابط بين القاعدة الفقهية و الاصولية ، و مدى التداخل الحاصل بينهما خاصة إذا علمنا أن " القواعد الاصولية هي اصول للقواعد الفقهيـة "، و ليس العكس ، أي أن " قواعد الفقه مبنية على قواعد الأصول " .و قد أوضح الدكتور الروكي الارتباط بين قاعدة " هل المعدوم شرعا كالمعدوم حسا ؟ " و قاعدة " هل النهي يقتضي الفساد ؟ بالقول :

ووجه الارتباط بين القاعدتين أن النهي عن الشيء إذا اعتبرناه يقتضي الفساد فهو كالمعدوم شرعا إذا اعتبرناه كالمعدوم حسا. و النهي عن الشيء إذا اعتبرناه لا يقتضي الفساد فهو كالمعدوم شرا إذا لم نقسه على المعدوم حسا "متحاشيا بذلك القول إن القاعدة الفقهية موضوع النقاش فرع عن قاعدة النهي الاصولية، قال ذلك بعد أن اوضح أن القياس هو الاصل في قاعدة :" هل المعدوم شرعا كالمعدوم حسا ؟ " .

ومن المؤشرات التي تدل على الترابط بين القاعدتين أن بعض العلماء يوضحون قاعدة " هل النهي يقتضي الفساد ؟ " بنفس الفا القاعدة الفقهية " هل المعدوم شرعا كالمعدوم حسا ؟ " ، فالقرافي في الفروق شرح بشكل موسع قاعدة اقتضاء النهي الفساد في الفرق السبعين بالفاظ قاعدة " هل المعدم شرعا كالمعدوم حسا ؟" و مما جاء في شرحه لرأي أبي حنيفة بخصوص قاعدة النهي ما يلي:" أن أركان العقد أربعة : عوضان و عاقدان فمتى وجدت الأربعة من حيث الجملة سالمة عن النهي فقد وجدت الماهية المعتبرة شرعا سالمة عن النهي ، فيكون النهي إنما تعلق بامر خارج عنها، و متى انخرم واحد من الاربعة فقد عدمت الماهية لأن الماهية المركبة كما تعدم لعدم بعض أجزائها ، فإذا باع سفيه من سفيه خمرا بخنزير فجميع الاركان معدومة، فالماهية معدومة ..و إذا باع رشيد من رشيد ثوبا بخنزير فقد فقد ركن من الاربعة و هو احد العوضين فتكون الماهية معدومة شرعا "(٩٣) .وبعد أن أنهى القرافي شرحه لرأي أبي حنيفة طفق يوضح رأي الإمام احمد بنفس الأسلوب في الشرح و التوضيح ، حيث أكد الإمام القرافي أن الإمام احمد يرى ان النهي يقتضي الفساد و إن كان المنهي عنه في امر خارج عن الماهية، و ضرب امثلة يوضح فيها رأي الإمام احمد قائلا : " .... و كذلك الوضوء بالماء المغصوب معدوم شرعا ، و المعدوم شرعا كالمعدوم حسا ، و من صلى

بغير وضوء حسا فصلاته باطلة و كذلك الصلاة في الثوب المغصوب و المسروق و الـذبح بالسكين المغصوبة فهي كلها معدومة شرعا فتكون معدومة حسا " (٩٤).

يتضح إذن أن الغمام القرافي في شرحه لآراء الائمة بخصوص قاعدة النهي يعبر بتعابير القاعدة الفقهية موضوع البحـث ، بل إنه يذكر القاعـدة الفقهيـة في ثنايا شرحـه للقاعدة الاصولية مـما يوضح الارتباط المتلاحم بين القاعدتين .

ولم يكن القرافي فريدا في اسلوبه المستعمل في شرح قاعدة النهي ، بـل إن ابا المظفـر السـمعاني استخدم اسلوبا شبيها باسلوب القرافي في شرح مبحث الصحة و الفساد حيـث قال :" الصحة و الفسـاد معنيان متلقيان من الشرع ، و ليس الى العبد ذلك ، و إنما للعبد إيقاع ذلك الفعل باختياره ، فإن وقع وقع فعله على وفق أمر الشرع صح شرعا و انبنت عليه الاحكام الشرعية ، وإذا وقع على خلاف امر الشرع كان الأمر باطلا ، و لم تنبني عليه الاحكام الشرعية ، و لهذا ابطلنا صوم الليل مع تحقق الإمساك الحسي فيه من المفطرات ، و كذلك إمساك المرأة عن المفطرات في حال حيضها متحقق حسا و صورة و لكن لما لم يوافق أمر الشرع لم يثبت له الحقيقة الشرعية. "

الثامن والاربعون: الخـــراج:

الخراج: هو مورد هام من موارد الدولة الإسلامية بل يكاد يكون أهـم المـوارد يجمع من أهـالي البلاد المفتوحة لينفق في مصالح المسلمين العامة . والأصل في الخراج قولـه تعالى ﴿ أَمْ تَسْأَلُهُمْ خَرْجًا فَخَرَاجُ رَبِّكَ خَيْرٌ وَهُوَ خَيْرُ الرَّازِقِينَ ﴾(المؤمنون: ٧٢) والخراج كـما يفيد معناه اللغوي هـو اسم لـما يخرج، والخراج : المصدروالخرج الإتاوة تؤخذ من أموال الناس، والبلاد الخراجيـة : هـي التي افتتحت صلحا ووظف ما صولح عليه

أهلها على أراضيهم. (الخراج بالضمان) يعني غلة العبد لرجل فيستغله زمانا ثم يعثر منه وقول صلى اللـه عليه وسلم : البائع ولم يطلعه عليه [٩٥] . والملحوظ أن المعنى اللغوي للخراج ينبئ إلى حد كبير عن المعنى الإصطلاحي فالخراج : هو الضريبة التي تجبي على الأرض المملوكة نظير بقائها في يد أصحابها ، والملاحظ أيضا أن الخراج والجزية عند الإطلاق يفيدان نفس المعني، فظل الخراج يطلق على الجزية التي تؤخذ من أهل الذمة حتى القرن الأول الهجري حين أصبح الخراج يعني ضريبة الأرض و الجزية ضريبة الرأس[٩٦] وهذا ما قاله أكثر فقهاء المال في الأسلام ، وقاله أيضا الإمام الماوردي وغيره . فالماوردي عقد فصلا كاملا عن الجزية والخراج فقال [٩٧] : والجزية والخراج حقان أوصل اللـه سبحانه وتعالى المسلمين إليهما من المشركين يجتمعان من ثلاثة أوجه ثم تتفرع أحكامها .

أما الأوجه التي يجتمعان فيها :

فأحدها: أن كل واحد منهما مأخوذ عن مشرك صغارا له وذمة.

والثاني : أنهما مالا فيء ، يصرفان في أهل الفيء .

والثالث : أنهما يجبان بحلول الحلول ولا يستحقان قبله .

أما الأوجه التي يفترقان فيها :

فأحدها أن الجزية نص وأن الخراج إجتهاد .

والثاني : أن أقل الجزية مقدر بالشرع وأكثرها مقدر بالاجتهاد . و الخراج أقله وأكثره مقدر بالاجتهاد .

والثالث: أن الجزية تؤخذ مع بقاء الكفر وتسقط بحدوث الأسلام ، والخراج يؤخذ مع الكفر والأسلام . فأما الجزية فهي موضوعة على الرؤوس واسمها مشتق

من الجزاء ، أما جزاء على كفرهم لأخذها منهم صغارا ، وأما جزاء على أماننا لهم لأخذها منهم رفقا .

التاسع والاربعون: العشـــــور:

العشور :هو مورد آخرمن موارد الدولة الأسلامية يؤخذ على البضائع المارة ببلاد المسلمين من تجارة المسلمين وغيرهم (أهل الذمة وأهل الحرب) وهو غير عشر المحصول الذي يفرض على الأرض الزراعية في الزكاة . والأصل في ضريبة العشور أن أبا موسى الأشعري كتب لعمر بن الخطاب يخبره أن تجارا يأتون أرض الحرب فيأخذون منهم العشر . قال : فكتبت إليه عمر خذ أنت منهم كما يأخذون من تجار المسلمين ، وخذ من أهل الذمة نصف العشر ، ومن المسلمين من كل أربعين درهما درهما وليس فيما دون المائتين شيء فإذا كانت مائتين ففيها خمسة دراهم ، وما زاد فبحسابه[٩٨] . فالعشر لغة . بضم العين أخذ عشر أموالهم ومنه العاشر والعشار بالتشديد أي قابض العشر[٩٩]. والعشر اصطلاحا : جمع عشر : يعني ما كان معدا أموالهم للتجارات دون الصدقات ، وعلى هذا تكون العشور مالا عاما يجمع فيوضع في خزينة الدوله الاسلامية لا يحق لاحد من الناس او مجموعهم ان يأخذوا منه شيئا لانه يعدون بذلك سارقين والعشور شبهها هذا اليوم ما يسمى بنظام الجمارك (المكوس)[١٠٠].

الخمسون: الكفـــالة:

لغة: الكافل: العائل والكافل الصائم بأمر اليتيم المربى له، وهو من الكفيل الضمين والكافل والكفيل: الضامن، وجمع الكافل: كفل، وجمع الكفيل: كفلاء وكفل المال وبالمال: ضمنه[١٠١]. وشرعا: ضم الذمة إلى الذمة في المطالبة[١٠٢] والكفاله في

القانون المدني: "عقد بمقتضاه يكفل شخص تنفيذ التزام بأن يتعهد للدائن بأن يفي بهذا الالتزام إذا لم يف به المدين نفسه[١٠٣] مشروعيتها: الكفالة مشروعة بالكتاب والسنه والإجماع ففي الكتاب يقول الله تعالى: ﴿ قَالَ لَنْ أُرْسِلَهُ مَعَكُمْ حَتَّىٰ تُؤْتُونِ مَوْثِقًا مِّنَ اللَّهِ لَتَأْتُنَّنِي بِهِ إِلَّا أَن يُحَاطَ بِكُمْ فَلَمَّا آتَوْهُ مَوْثِقَهُمْ قَالَ اللَّهُ عَلَىٰ مَا نَقُولُ وَكِيلٌ ﴾ (يوسف: ٦٦) وقوله تعالى: ﴿ وَلِمَن جَاءَ بِهِ حِمْلُ بَعِيرٍ وَأَنَا بِهِ زَعِيمٌ ﴾ (يوسف : ٧٢) وفي السنة النبوية نجد حديث رسول الله صلى الله عليه وسلم : (الزعيم غارم) (رواه أبو داود والترمذي وقال: حديث حسن وابن ماجه في كتاب الصدقات باب الكفالة) وحديث سلمة ابن الأكوع أن رسول الله كل: (أتى برجل ليصلي عليه. فقال: هل عليه دين؟ قالوا: نعم ديناران قال: هل ترك لهما وفاء؟ قالوا: لا، فتأخر فقيل: لم لا تصلي عليه؟ قال: ما تنفعه صلاتي وذمته مرهونة؟ إلا إن قام أحدكم فضمنه، فقام أبو قتادة فقال: هما علي يا رسول الله، فصلي عليه النبي صلى الله عليه وسلم (رواه البخاري وأحمد والنسائي). أما الإجماع: فقد أجمع علماء الأمة على جوازها، ولا يزال المسلمون يكفل بعضهم بعضا من عصر النبوة إلى وقتنا هذا دون نكير من أحد من العلماء[١٠٤].

أنواعها:قسم المالكية الكفالة إلى نوعين:الأول: كفاله الوجه أو كفالة البدن، وعزفوها بقولهم: بالتزام رشيد الإتيان بالغريم عند حلول الأجل" [١٠٥] ويكون في الغرامات المالية.الثانى: كفالة الطلب، وعزفه المالكية بقولهم: "التزام طلب الغريم إحضار المكفول والتفتيش عليه إن تغيب، ثم يدل عليه رب الحق "وهذا النوع يكون في غير الحقوق المالية أى الحقوق البدنية القصاص والتعازير والحدود بخلاف ضمان الوجه، الذى لا يكون إلا في الحقوق المالية وعرفه البهوتى من الحنابلة بأنه (التزام رشيد إحضار من عليه حق مالى لربه) [١٠٦] .

أركان الكفالة:

للكفالة أركان منها:

١- الصيغة، يشترط أن تكون صيغه الكفالة بما يدل على الالتزام بأن يقول الكفيل: أنا كفيل، أو ضامن، أو زعيم، أو غريم، أو حميل، أو قبيل، واختلف الفقهاء في تعليق الصيغة بوقت أو غيره.

٢-الكفيل: ويشترط في الكفيل أهلية التبرع، لأن الكفالة تبرع محض لا مصلحة فيها للكفيل، حتى إذا كانت عقد معاوضة انتهاء، فهذا يعنى أنها تنتهى بقرض، والقرض عقد إرفاق لا مصلحه فيه للمقرض؟ لذلك لا تصح من الصبى والعبد المحجور عليه، وكذا لا تصح كفالة المكاتب (١٠٧).

٣- المكفول له: وهو المستحق للدين واختلف الفقهاء في رضا المكفول له إلا أنه بالرجوع إلى كيف أقر كفالة أبي قتادة دون رضا المضمون له. صلى الله عليه وسلم حديث سلمة بن الأكوع نجد أن رسول الله هل تجوزا لكفالة في الحدود؟

في ذلك ثلاثة أقوال: الأول: لا يجوز ذلك مطلقا قال به ابن قدامة وهو قول أكثر أهل العلم.الثاني: قول المالكية يجوز مطلقا ويسمونه كفالة المطالبة قال في الشرح الصغير: "ولذايصح ضمان الطلب في غير المال من الحقوق البدنية كالقصاص والتعازير والحدود ولكنه إذا لم يحضره يعاقب فقط أو يقدم الديه" (١٠٨) الثالث: قول الشافعية ومحمد بن الحسن لا تصح في الحدود لما فيه حق الله عزوجل،وتصح في الحدود لحق الآدمى فالأول كحد الزنى، والسرقة، والثاني: كحد اللعان والقذف (١٠٩) ما يترتب على الكفالة:إذا تعذر على الكفيل: إحضار المكفول مع حياته، أو امتنع من إحضاره لزم ما عليه عند المالكية والحنابلة في الدين؟ لأن الكفالة وثيقة بالحق. فإذا

تعذر الحق من جهة من (الزعيم غارم) وقال الحنفية والشافعية لا يلزم لأنه عليه الدين استوفي من الوثيقة، لعموم قوله صلى الله عليه وسلم :تكفل ببدنه لا بدينه، فلم يلزمه ما عليه، وفارق الرهن؟ لأنه تعلق بالدين(١١٠). ولعل الصواب الأول لما فيه من المحافظة على الحقوق، ولأنه إنما تكفل بإحضاره لتسديد ما عليه.

الحادي والخمسون: اللـؤلـؤ (الجواهـر):

وقد ذكر أن المراد ترصيع السوار قال تعالى: ﴿ وَيَطُوفُ عَلَيْهِمْ وِلْدَانٌ مُّخَلَّدُونَ إِذَا رَأَيْتَهُمْ حَسِبْتَهُمْ لُؤْلُؤًا مَّنثُورًا ﴾ (الإنسان: ١٩). باللؤلؤ، ولا يستبعد أن يكون في الجنة سوار من لؤلؤ مصمت، وهو ظاهر القرآن بل نصه. ويطلق البعض على الجوهر اللؤلؤ، وقيل: إن الكبير من اللؤلؤ يسمى درا والصغير لؤلؤا. ويتكون اللؤلؤ داخل الأصداف.(١١١) وتوجد مصائد اللؤلؤ بمحاذاة شواطئ الهند وسيلان والخليج العربي والبحر الأحمر واليابان واستراليا وأمريكا وبعض جزر المحيط الهادى وغيرها. ويختلف اللؤلؤ من حيث الشكل والتسمية فمنه المدحرج والمستدير والمستطيل والمخروط وغير ذلك(١١٢). وأجود اللآلئ ذات شكل كروى براقة متلونة بألوان قوس قزح وخالية من العيوب وعلى شيء من الشفافية، وغالبا ما يكون اللؤلؤ أبيض أو قليل الصفرة أو الزرقة، وقد يكون أصفر أو أحمر أو أخضر، وقد يكون نصف شفاف أو قاتما، ونظرا لنعومته قد يخدش، وتؤثر الأحماض والعرق على اللؤلؤ، وقد يتلف لطول الزمن(١١٣). وقد مهر اليابانيون في صناعة تزريع اللؤلؤ في برنس الصدفة ويكثر التحلى باللؤلؤ المصطنع الذى يصنع من الزجاج.

الثاني والخمسون: الملكيـــــــــة:

لغة: مصدر صناعي من الملك والملك والملك، وهو احتواء الشيء والقدرة على التصرف فيه بانفراد، فهو مع القدرة على التصرف. (كما في اللسان). والملك والمالك الحقيقي هو اللـه تعـالى فهو مالك يوم الدين [١١٤].

واصطلاحا: عند الفقهاء: الاختصاص، والعلاقة الشرعية بين الإنسان والشيء، التي ترتب لـه حق التصرف فيه، وتحجز الغير عن هذا التصرف، وهـو قـدرة يثبتها الشرـع ابتـداء عـلى التصرف إلا لمانع. وقيل: حكم شرعي يقدر في عين أو منفعة يقتضى تمكن من ينسب إليه من انتفاعـه بـه، والعوض عنه من حيث هو كذلك. - وعند الحكماء: هو هيئة تفرد للشيء بسبب ما يحـيط بـه وينتقـل بانتقالـه، ويطلـق أيضا على الجدة وعلى القنية. ويستعمل الملك أيضا في ملك الرقبـة أى ملك الـذات، وملك المنفعـة أى الوظيفة، وملك اليمين يغلب استعماله في الرقيق [١١٥].

والملك باعتبار صاحبه ثلاثة أنواع:

- ملكية الدولة أو ملكية بيت المال: وتضم كل مال استحقه المسلمون ولم يتعين مالكه، كبيت مال الزكاة بأنواعها، وبيت مال المصالح ويضم: الخراج والفيء وخمس الغنائم والجزية والعشور والركاز، وبيت مال الضوائع. ويضم: وارث من لا وارث له، واللقطة، وديات القتلى الـذين لا أوليـاء لهـم، ويتصرف فيه ناظر بيت المال تصرف الملاك الخاصين في أملاكهم بما يحقق مصلحة الجماعة المسلمة [١١٦].

- الملكية العامة أو الجماعية: وهى ملكية مشتركة بين مجموع أفراد الأمة دون أن يختص بها أحد منهم؛ إما لتجاوز المنفعة من هذه الأشياء على مـا يبـذل في سبيلها مـن جهـد ونفقـه، وإمـا لكون نفعهـا ضروريا لمجموع الأمة ولا غنى لأفرادها عنها. وتشمل

الملكية المشتركة المرافق العامة من أنهار وشوارع وطرقات ومراعى وغابات وغيرها. فقد جاء عن رسول الله: صلى الله عليه وسلم "المسلمون شركاء في ثلاث: في الماء والكلأ والنار". (رواه أحمد).

الحمى: وهى أرض لا يملكها أحد وتخصص لمصلحة عامة، كأن تكون مرعى لإبل الصدقة وخيل الجهاد. والأراضى الموقوفة لمصلحة المسلمين: كالأراضى التى فتحت عنوة ولم توزع على الغانمين. والمعادن المستقرة في الأراضى بخلق الله ظاهرة وباطنة، كالذهب والفضة والنحاس والحديد والبترول.

- الملكية الخاصة: ويكون مستحقها وصاحبها فردا أو جماعة على سبيل الاشتراك، وتشمل كل الأموال الحلال، من نقود وعروض قنية وعروض تجارة وأصول ثابتة ووسائل الإنتاج، والتى لا تقع ضمن الملكية العامة المشتركة للمسلمين أو ملكية بيت مال المسلمين. والملكية في الإسلام ذات سمة فريدة فهى لجميع أنواعها ملكية استخلاف، حيث إن الملك والملكية لله تعالى، قال تعالى ﴿ **مَٰلِكِ يَوۡمِ ٱلدِّينِ** ﴾ (الفاتحة ٤) فهو وحده سبحانه: مالك كل شيء قال تعالى: ﴿ **فَسُبۡحَٰنَ ٱلَّذِي بِيَدِهِۦ مَلَكُوتُ كُلِّ شَيۡءٖ وَإِلَيۡهِ تُرۡجَعُونَ** ﴾ [يس: ٨٣] وهو سبحانه المالك الحقيقي للكون كله، وهو سبحانه الأحد الذي لم ولن يكن له شريك في الملك كما ذكرت آيات القرآن الكريم في ثمانية عشر- موضعا أنه سبحانه وتعالى له ملك السماوات والأرض، والبشر- مستخلفون-فرادى وجماعات- في الأرض قال تعالى ﴿ **وَعَدَ ٱللَّهُ ٱلَّذِينَ ءَامَنُواْ مِنكُمۡ وَعَمِلُواْ ٱلصَّٰلِحَٰتِ لَيَسۡتَخۡلِفَنَّهُمۡ فِي ٱلۡأَرۡضِ كَمَا ٱسۡتَخۡلَفَ ٱلَّذِينَ مِن قَبۡلِهِمۡ** ﴾ (النور: ٥٥). وقد قسم العلماء طرق وأسباب اكتساب الملكية إلى أربعة أقسام:

- باعتبار وجود الإرادة وعدمها: إلى أسباب اختيارية كالاستيلاء على المباح بما في ذلك إحياء الأراضى الموات وسائر العقود، وأسباب جبرية كما في الميراث.

- باعتبار الصفة الأصلية إلى أسباب منشئة كالإحياء والصيد، وأسباب ناقلة كما في العقود والميراث.

- باعتبار الصيغة إلى أسباب فعلية كالاستيلاء على المباح، وأسباب قولية كما في العقود، وأسباب اعتبارية كما في الميراث.

- باعتبار الشخص الذى تؤول إليه الملكية: إلى ما كان بعمل شرعى من أنواع السعى كالتجارة والصناعة والزراعة والصيد، وما كان بحكم شرعى كالزكاة والنفقات والإرث والكفارات، أو ما كان بإرادة الغير كالهبة والصدقة والوقف والإقطاع[١١٧].

وقد حفظت الشريعة الإسلامية حق الملكية الخاصة والمشتركة وملكية الدولة بتحريم التملك عن طريق وسائل الغش والخداع كالتلاعب بالأسعار والغرر، وعن طريق الظلم والاستغلال كالغصب والسرقة والاختلاس والرشوة والربا والاحتكار، وعن طريق تحديد المصالح التى تبيح تدخل الحاكم لتقييد الملكية الخاصة أو مصادرتها[١١٨].

كما حفظت الشريعة دور الملكية في المجتمع عن طريق تحريم التملك لكل ما فيه ضرر عائد على الأفراد أو الجماعات في أعراضهم وأموالهم وعقولهم، كالإتجار بالأعراض والخمر والميسر وكافة المحرمات كذلك حفظت الشريعة السمحاء التوازن الدقيق بين مصلحة الفرد وحق الجماعة بما حددته من مبادئ تحفظ حق كل من الملكية

الخاصة والملكية العامة وملكية الدولة، وكيفية استعمال كل منها، وانتقال الملكية الخاصة من شخص لآخر في حياته وبعد موته[119].

الثالث والخمسون: المضاربـــــة :

والمضاربة : أنت تعطى انسانا من مالك ما يتجر به على أن يكون الربح بينكما أو يكون له سهم معلوم من الربح ، وكأنه مأخوذ من الضرب في الأرض لطلب الرزق قال الله تعالى : ﴿وَءَاخَرُونَ يَضْرِبُونَ فِي ٱلْأَرْضِ يَبْتَغُونَ مِن فَضْلِ ٱللَّهِ﴾(المزمل: ٢٠) .

الرابع والخمسون: التجـــارة :

البيع:وهو لغة:مطلق المبادلة [120].

واصطلاحا : عرفه الحنفية بأنه مبادلة المال بالمال بالتراضي ، أو مبادلة شيء مرغوب فيه بمثله على وجه مخصوص [121]. وعرف المالكية بأنه عقد معاوضة على غير المنافع [122]. وعرفه الشافعية بأنه مقابلة مال بمال على وجه مخصوص [123]. وعرفه الحنابلة بأنه مبادلة المال بالمال بغرض التملك [124].

وعرفه الزيدية بأنه إخراج عن الملك بعوض[125]. وعرفه الجعفرية بأنه نقل الملك من ملك الى آخر بعوض معلوم[126]. وعرفه القانون المدني الأردني في المادة (٤٦٥) بأنه : تمليك مال أو حق مالي لقاء عوض وبه أخذت المادة (١٧٨) من قانون المعاملات المدنية السوداني.

مشروعيته:

الاصل فيه الكتاب والسنة والاجماع :

أما الكتاب فقوله تعالى : ﴿وَأَحَلَّ ٱللَّهُ ٱلْبَيْعَ وَحَرَّمَ ٱلرِّبَوٰا۟﴾(البقرة: ٢٧٥). وقوله تعالى: ﴿وَأَشْهِدُوٓا۟ إِذَا تَبَايَعْتُمْ﴾(البقرة: ٢٨٢) (انما البيع عن تراض)[١٢٧]. وأما السنة فقوله صلى الله عليه وسلم : أي كسب الرجل أطيب ؟ فقال (عمل الرجل بيده وكل بيع مبرور)[١٢٨]. وسئل عليه السلام وأما الاجماع: فقد أجمعت الامة على جوازه[١٢٩].

الحالآت التي يكون فيها البيع الآجل غير مشروع إذا رجعنا إلى الأحاديث التي أوردناها بشأن الربا ، رأينا أن الرسول صلى الله عليه وسلم يلح على شرط التبادل الفوري الذي عبر عنه بقوله ﴿يدا بيد﴾ وأحيانا بقوله ((هاء وهاء)) [١٣٠] وهذا يعني أن الأشياء المتبادلة أو المبيعة يجب أن يكون تسليمها فوريا . لنذكر ثلاثة نماذج مناسبة من هذه الاحاديث : ﴿الذهب بالذهب ربا إلا هاء وهاء ، والبر بالبر ربا إلا هاء وهاء ، والشعير بالشعير ربا إلا هاء وهاء ، والتمر بالتمر رباء إلا هاء وهاء﴾(متفق عليه) ﴿نهى رسول الله صلى الله عليه وسلم عن بيع الذهب بالورق دينا﴾ [١٣١] (رواه البخاري)

الخامس والخمسون: النقـــــود:

لغة: النقد والتنقاد : تمييز الدراهم وإخراج الزيف منها فأنشد سيبويه: تنفي يداها الحصى في كل هاجرة نفي الدنانير تنقاد الصياريف وقد نقدها ينقدها نقدا وانتقدها وتنقدها، ونقده إياها نقدا: أعطاها، فانتقدها أى قبضها. ونقدت له الدراهم أى أعطيته.

واصطلاحا: عرف استعمال المقطعات المعدنية كوسيلة من وسائل التبادل منذ أمد بعيد، إلى جانب وسيلة المقايضة.

والنقد من حيث اشتماله على وزن معين وقيمة معروفة للتبادل فقد تأخر إلى القرن السابع قبل الميلاد، وأول إشارة إلى أمة عرفت النقد الأمة اللوذية [١٣٢] في الأناضول حوالى سنة ٦٤٠ ق. م صنعوه من سبيكة طبيعية، وجد فيها كم من الذهب مخلوط بكم من الفضة. ومن اللوذيين تعلمت أمم كثيرة في الشرق والغرب النظام النقدى وضرب النقود، فضرب الأثينيون نقودا من معادن مختلفة من الفضة وسموها (دارخمة)[١٣٣] وضرب الفرس (الدارك). أما عن النظام النقدى قبل الإسلام: فهناك إشارات في القرآن الكريم عن ذلك فيقول تعالى: ﴿وَمِنْ أَهْلِ الْكِتَابِ مَنْ إِنْ تَأْمَنْهُ بِقِنْطَارٍ يُؤَدِّهِ إِلَيْكَ﴾ (آل عمران: ٧٥) ﴿وَشَرَوْهُ بِثَمَنٍ بَخْسٍ﴾ (يوسف: ٢٠) دراهم معدودة ، ومنهم من إن تأمنه بدينار لا يؤده إليك إلا مادمت عليه قائما فالدراهم هى العملة المتداولة قبل الإسلام وهى فارسية وذلك لأن قاعدتها الفضة، في حين أن النقد البيزنطي قاعدته الذهب.

والدراهم الفارسية التى عرفتها المنطقة تتمثل في :

١- نوع أطلق عليه الدراهم البغلية، وكان وزنه عندهم عشرين قيراطا.

٢- درهم ثان كان وزنه أقل، حيث لم يتعد اثنى عشر قيراطا.

٣- درهم ثالث كان وزنه عشرة قراريط فقط (وهو الطبرى)

- وقد أشار مؤرخو العرب المتعرضون لقضية النقد إلى هذه الدراهم، فيقول المقريزى: عن الدرهم البغلى إنه كان يقال له الوافي ووزنه وزن الدينار[١٣٤] وقد انفرد ابن خلدون بالإشارة إلى نوعين آخرين من الدراهم عرفهما العرب هما الدرهم المغربى والدرهم اليمنى. أما النظام المالى في صدر الإسلام: فقد أقر رسول الله صلى الله عليه وسلم قبل النظام المالى الذى كان يتبعه العرب وسار أبو بكر الصديق على نفس السنة وحتى فترة

من خلافة عمر بن الخطاب رضي الله عنه الإسلام، ولكن عندما اصطدمت الخلافة الإسلامية بأنظمة نقدية ثابتة في كل من فارس والشام ومصرـ مما استتبع ضرورة التعامل مع هذه الأنظمة النقدية بنظام نقدى، فأظهرت الحاجة ضرورة وجود عملات تضربها الدولة الإسلامية، فظهرت عملات عمر بن الخطاب. رضي الله عنه وقد انقسم نقد الخلفاء الراشدين قسمين: الأول: قسم ذو نمط أجنبى خالص في الشكل والنقش واللغة.

والثانى: قسم عليه نقوش عربية بالإضافة إلى النقوش الكسروية بإضافة (لا إله إلا الله) وعلى فقد اكتفي بنقش (الله أكبر)(٤ آخر) (رسول الله) وعلى آخر (عمر) أما عثمان بن عفان رضي الله عنه أما النظام النقدى زمن الدولة الأموية: فيمتاز في عهد معاوية ومن بعده بسمة خاصة، هو اتخاذه نقشا جديدا على الوجه لشخص واقف يمسك سيفا، ويرتدى رداء طويلا، وغطاء رأس يدوى يغطى الكتفين.أما معدن النقد الذى ضربه معاوية، فإنه النحاس والفضة والذهب، أما المعدنان الأولان فهما امتداد لما ضرب في عهد الراشدين قبله.

ويعتبر عبد الله بن الزبير أول من دور الدرهم أى: ضربها بصورة مدورة جيدة. أما النقد زمن عبد الملك بن مروان فقد جرى بعدة مراحل:

١- نقد بدون اسم، وبدون لقب الخلافة.

٢- نقد يحوى لقب الخلافة فقط.

٣- نقد يحوى اسم الخليفة ولقبه الخلافي.

٤- نقد مؤرخ.

ثـم في سـنة ٧٣ هــ بـدأت الجهـود المركـزة لإنشـاء عملـة إسـلامية بحتـة، تغطـى احتياجـات المتداولين.وفي العصرالعباسى أذن الخلفاء لعمالهم، في وضع أسمائهم مع أسمائهم على النقود[١٣٥].وهكـذا ضربت النقود الإسلامية في كل عواصم الإسلام، وفي أشهر مـدنها في العـراق والشـام والأنـدلس وخراسـان وصقلية والهند وغيرها، وهى تختلف رسما وسعة باختلاف الدول الإسلامية وكانت الكتابـة عـلى النقـود تنقش بالحرف الكوفي، ثم تحولت الى الحرف النسخى الاعتيادي سنة ٦٢١هـ في أيام: العزيـز محمـد بـن صلاح الدين الأيوبى بمصر.

ويظهر من العملات التي عثروا عليها أنهم لم يكونوا يذكرون اسم البلد الذى ضربت النقـود فيـه إلى أوائـل القـرن الثـانى الهجـرة .وكـانوا إذا ذكـروا تـاريخ الضـرب سـبقوه بلفـظ "السـنة" ثـم أبـدلوها بلفظ"عام" فكانوا يقولون شهور سنة كذا أو في أيام دولة فلان وكـان يكتـب التـاريخ أولا بـالحروف، ثـم كتب بالأرقام. أما مقدار ما كان يضرب من النقود فيتعـذر تقـديره إلا أن المقـرى ذكـر أن دار السـكة في الأندلس بلغ دخلها من ضرب الدراهم والدنانير على عهد بنـى أميـة في القـرن الرابـع لـلـهجرة ٢٠٠،٠٠ دينار في السـنة وصرف الـدينار١٧ درهـما. فـإذا اعتبرنـا هـذا الـدخل باعتبـار واحـد في المائـة عـن المـال المضروب، بلغ مقدار ما كان يضرب في الأندلس وحدها من ممالك الإسلام ٠٠٠، ٠٠٠، ٢٠ دينـار أو نحـو عشرة ملايين جنيه.

السادس والخمسون: العاريـــــــة :

العارية (بتشديد الياء وقد تخفف) ، قيـل : هي من عار إذا ذهب وجاء ، وقيـل مـن التعـاور وهو فعلها ولو التناوب ، وقيل كأنها منسوبة إلى العار لأن طلبها عار وعيب واعـتراض عليـه بأنـه كانـت عيبا مافعلها[١٣٦].

تعريفها : لغة : ما تعطيه الى غيرك على أن يعيده اليك [١٣٧]. واصطلاحا : عرفها الحنيفة بأنها: تمليك المنافع بلا عوض [١٣٨] وعرفها المالكية بأنها : تمليك منفعة بلا عوض [١٣٩]. وعرفها الشافعية بأنها : إباحة الإنتفاع بما يحل الإنتفاع به مع بقاء عينه [١٤٠]. وعرفها الحنابلة بأنها : أباحة الإنتفاع بما يحل الانتفاع به مع بقاء عينه ليردها على مالكها [١٤١]. وعرفها الزيدية بأنها : اباحة المنافع [١٤٢] . وعرفها الجعفرية بأنها : عقد ثمرته التبرع بالمنفعة [١٤٣].وعرفها الظاهرية بأنها :اباحة منافع بعض الشيء [١٤٤]. وقد عرفها القانون المدني الأردني في المادة (٧٦٠) بأنها: تمليك الغير منفعة شيء بغير عوض لمدة معينة أو غرض معين على أن يرده بعد الاستعمال وهو تعريف الحنيفة والمالكية. وبه أخذ قانون المعاملات المدنية السوداني في المادة (٣٥٩) .

و الإعارة هي تمليك شيء يملكه فرد أو هيئة لآخر، لينتفع به دون مقابل؛ كأن يأخذ رجل كتابا من مكتبة ليقرأه ويعيده دون أجر علي ذلك.

ولقد دعا الرسول (إلي أن يعير المسلم أخاه حاجته، فقال:"ما من صاحب إبل ولا بقر ولا غنم لا يؤدي حقها إلا أقعد لها يوم القيامة بقاع قرقر (مستو علي الأرض) تطؤه ذات الظلف بظلفها، وتطحنه ذات القرن بقرنها، ليس فيها يومئذ جماء ولا مكسورة، قلنا: يارسول الله، ما حقها؟ قال: إطراق حملها، وإعارة دلوها، ومنحها وجلبها علي الماء، وحمل عليها في سبيل الله [البخاري].

وللاستعارة الصحيحة شروط، منها:

١- أن تكون بدون مقابل.

٢- أن يكون المعير عاقلا بالغا مدركا.

٣- أن يكون الشيء (المعار)حلالا، فلا يجوز أن يعير الرجل رجلا آخر حريرا ليلبسـه؛ لأن لبس الحرير محرم علي الرجال، إلا إذا كان لعذر، كأن يكون به حكة أو جرب.

٤- أن تكون الإعارة في الأشياء التي لا تهلك بالاستعمال، فلا يستعير أحد طعاما؛ لأنه يهلك بالاستعمال.

٥- أن يكون المعير مالكا للشيء أو معه إذن من صاحبه بالتصرف فيه.

٦- ألا يحدد المعير أجلا معلوما، فإذا لزم ذلك فلا مانع من تحديد الوقت، كما تفعل المكتبـات العامة في إعارة الكتب.

إن اشترط المعير الضمان لعاريته؛ ضمنها المستعير إن أتلفها، لقوله (:"المسلمون علي شروطهـم" [أبو داود والحاكم]. فإن لم يشترط، وتلفت بدون قصد ولا تفريط، فلا يجب ضمانه، وإن كان يستحب الضمان، لقوله (لإحدي نسائه وقد كسرت آنية الطعام:"طعام بطعام، وآنية بآنية)[البخاري]، فإن أتلفهـا مع ضمانها؛ وجب مثلها أو قيمتها، لقوله صلى الله عليه وسلم :"علي اليد ما أخذت حتى تؤديه" [أبـو داود والترمذي].

ماذا ينبغي علي المعير والمستعير؟

ينبغي علي المسلم أن لا يبخل بإعارة ما عنده لأخيه المسلم، مادام لا يخشي- الضرـر، لأن إعـارة المسلم ما يحتاج إليه من التعاون علي البر والتقوي الذي أمر اللـه تعالي به. قال تعالي: (وتعاونوا علـى البر والتقوى)[المائدة: ٢]. وقد عاب اللـه علـي الـذين يمنعـون مـا يملكونـه عـن غـيرهم، فقـال تعـالي: (ويمنعون الماعون)[الماعون: ٧]. كما يجب علي المعير أن يتخير الأوقات التـي يطلب فيها الشيـء الـذي أعاره لأخيه، فلا يطالبه به في الطريق أمام الناس؛ حتى لا يجرح مشاعر أخيه، كما أن عليـه ألا يمـن علي أخيه بما أعاره له، حتى لا يضيع أجره، وأن يطلب حاجته في أدب وتواضع. وينبغي

علي المستعير أن يحافظ علي الشيء الذي استعاره، فإن أهمل في الحفاظ عليه، لزمه أن يعوض أخاه عن الشيء الذي أتلفه. وعليه أن يرده إلي أخيه في الميعاد الذي حدده معه ولا يمنعه عن صاحبه، لأن هذا نوع من السرقة الفاجرة، وقد قال تعالي: ﴿ إِنَّ ٱللَّهَ يَأْمُرُكُمْ أَن تُؤَدُّوا۟ ٱلْأَمَـٰنَـٰتِ إِلَىٰٓ أَهْلِهَا ﴾ [النساء:٥٨]. ولا يجوز للمستعير أن يؤجر ما استعاره، ولكن يجوز له إعارته بشرط رضا المعير له.

فهذه نبذة مختصرة عن أحكام الدية والعاقلة :ـ

١- نظام العاقلة وأحكامها تؤخذ من الشريعة الإسلامية ، ومما استنبطه واجتهد في تفصيله علماء الأمة حيث أن هذا الباب لم يترك لعقول الناس وآرائهم وأعرافهم .

٢- تتحمل دية القتل الخطأ وشبه العمد ودية الجروح من الثلث فصاعدا، العاقلة. وهم عشيرة الجاني وعمومته وقبيلته .

٣- الدية من الواجبات الشرعية ، التي ألزم فيها الشرع العاقلة ، فليس للإنسان الاختيار في دفعها أو تركها ، وليس له الخيار أيضا في أن يخرج بمجموعة دون سائر القبيلة.ومن حصل منه ذلك فقد أخطأ في حق دينه ، وحق قبيلته التي خرج عنها بهذا الرأي وشتت أمرها ، وأثقل كاهلها بتفريق صفها وجمعها ، وأخطأ في حق ابن عمومته عندما ترك مؤازرته بما شرعه الله . ومن امتنع عن الدفع فلأمير العشيرة أو من ينوبه أو صاحب الدية أن يرفع أمره لولي الأمر أو القضاء ليلزم بالدفع شرعا .

٤- يتحمل دفع الدية كل ذكر بالغ عاقل قادر على الدفع ، وغالبا إذا بلغ خمس عشرة سنة .

٥- يخرج من دفع الدية كل من :

١-   الصبي ٢- المرأة ٣- الرجل الزمن والهرم - ٤- المجنون ٥- المعاق

لأن هؤلاء لا يشملهم مفهوم النصرة ، والذي هو علة دفع الدية .

٦- تتحمل العاقلة الدية ، سواء كان هناك تأمين أو عدمه ، لرجحان تحريمه شرعا ولأنها تقضي على مبـدأ التكافل بين أبناء القبيلة والذي قرره الشرع في الدية وغيرها ، ولعدم انضباطية شركات التـأمين ، والذي يغلب عليها التهرب والمراوغة أو تقليص الدفع ، ولاحتمال ورود انعدام وجود مثـل هـذه الشركات يوما من الأيام .

٧- الجاني لا يلزم بدفع شيء من الدية كما قرره جمهور أهل العلم ، وإنما يكتفي من الجاني بالكفارة.

٨- تلتزم القبيلة بجمع دية الجاني ، ممثلا ذلك بأميرها ، وبالطريقـة التـي يرونهـا مناسـبة ، سـواء بجمـع صندوق مسبق ، أو بأي طريقة تناسبهم .

٩- لا يلزم الجاني ولا والده ولا أولاده بجمع الدية ، وإنما هي من واجبات القبيلة كما أسلفنا .

١٠- إذا كانت الجناية أقل من الثلث ، فيلتزم بجمعها ودفعها الجاني ، ومن أراد من أسرته .

١١- لا تلتزم القبيلة التزاما شرعيا بدفع الجناية العمد ، من نفس أو جـروح ، لكـن تقـف معـه وتؤازره وتشاركه في دفع الدية من باب التعاون .

١٢- تلتزم القبيلة بدفع جناية ابنتهم ، سواء كانت بينهم ، أو كانت متزوجة من قبيلة أخرى ، لأمر النبي صلى الـله عليه وسلم العاقلة بدفع ديتها .

١٣- لا تلتزم القبيلة بدية جناية زوجة أحدهم ، إذا كانت من غير القبيلة ، ولا زوجها ولا ولدها ، وإنما الملزم بذلك عشيرتها وعمومتها ، لكن يستحب للقبيلة التعاون والوقوف معها فإن هذا من مكارم الأخلاق والآداب الرفيعة .

١٤- لا تلتزم القبيلة بالدية لكل من :ـ

١- من وقع منه كفر مخرج من الإسلام ، أو ردة عن الإسلام ، أو شرك أكبر ، أو انتماء لعقائد كفرية ،أو اتجاهات الحادية .

٢- من كانت جنايته ناتجة عن سبب غير أخلاقي ، كسطو على بيت ، أو انتهاك حرمة مسلم ، أو تهريب مخدرات .

السابع والخمسون: الكتابـــــة:

الكتابة لغة : هي الضم والجمع ، وفيها ضم نجم [١٤٥]. ويسمى العقد بذلك لأنه أيضا يستوثق فيه بالكتابة . وإصطلاحا: عرفها الحنفية بأنها تحرير الملوك يدا في الحال ورقبه في المال[١٤٦]. وعرفها المالكية بأنها: عتق على مال مؤجل من العبد موقوف على أدائه[١٤٧]. وعرفها الشافعية بأنها: عقد عتق بلفظها بعوض منجم بنجمين فأكثر[١٤٨]. وعرفها الحنابلة بأنها : اعتاق السيد عبده على مال في ذمته يؤدى مؤجلا[١٤٩].

الثامن والخمسون: المزارعـــــة:

وهي اشتراك بين رب الارض والعامل الزارع. المزارعة لغة : المفاعلة من زرع[١٥٠]. واصطلاحا: عند الحنفية : عقد على الزرع ببعض الخارج[١٥١]. وعند

المالكية : هي الشركة في الزرع [١٥٢]. وعند الحنابلة : دفع الأرض إلى من يزرها بجزء من الزرع [١٥٣]. وعند الجعفرية : هي معاملة على الأرض بحصة من حاصلها [١٥٤].

مشروعيتها :

أختلف الفقهاء في جواز المزارعة :

١- فذهب أبو حنفية وأكثر الزيدية الى القول بعدم جوازها [١٥٥].

وذهب الشافعي الى القول بعدم جوازها استقلالا وتصح تبعا للمساقاة [١٥٦] واستدل هؤلا المانعون بالمنقول والمعقول:

أما المنقول : فقد أخرج مسلم عن سليمان بن يسار أن رافع ضديج قال كنا بخابر على عهد الرسول صلى الله عليه وسلم فذكر أن بعض عمومته أتاه فقال: نهى رسول الله صلى الله عليه وسلم عن أمر كان لنا نافعا وطواعية الله ورسوله أنفع لنا وأنفع، قال: قلنا وما ذاك؟ قال: قال رسول الله صلى الله عليه وسلم : من كانت له ارض فيزرعها أو فليزرعها أخاه ولا يكاريها بثلث ولا بربع ولا بطعام مسمى) [١٥٧]. نهى عن قفيز الطحان والاستئجار ببعض الخارج في معنى ذلك [١٥٨]. صلى الله عليه وسلم وكذلك فإن وأما المعقول :فإن الاستئجار ببعض الخارج من النصف والثلث والربع ونحوه استئجار ببدل مجهول وانه لايجوز كما في الاجارة ، كما أن الأجر فيها قد يكون معدوما على تقدير أن الأرض قد لا تخرج شيئا ،وكلا الاجرين المعدوم والمجهول مفسد لعقد الاجارة [١٥٩]. وذهب المالكية والحنابلة والصاحبان (أبو يوسف ومحمد) من الحنفية والجعفرية والظاهرية وبعض الزيدية الى القول بجوازها [١٦٠]. ﴿بَلَىٰ مَنْ أَوْفَىٰ بِعَهْدِهِ وَاتَّقَىٰ فَإِنَّ اللَّهَ يُحِبُّ الْمُتَّقِينَ﴾[آل عمران: ٧٦] ليس الأمر كما زعم هؤلاء الكاذبون، فإن المتقي حقا هو من أوفي بما عاهد الله عليه من أداء الأمانة والإيمان به وبرسله والتزم هديه وشرعه، وخاف الله عز وجل فامتثل أمره

وانتهى عما نهى عنه. و اللـه يحب المتقين الـذين يتقـون الشرك والمعاصي. ﴿وَإِذْ أَخَذْنَا مِنَ النَّبِيِّينَ مِيثَاقَهُمْ وَمِنكَ وَمِن نُّوحٍ وَإِبْرَاهِيمَ وَمُوسَىٰ وَعِيسَى ابْنِ مَرْيَمَ ۖ وَأَخَذْنَا مِنْهُم مِّيثَاقًا غَلِيظًا﴾ [الاحزاب:٧] واذكر -أيها النبي- حين أخذنا من النبيين العهد المؤكد بتبليغ الرسالة، وأخذنا الميثاق منك ومن نوح وإبراهيم وموسى وعيسى ابن مريم (وهم أولو العزم من الرسل على المشهور)، وأخذنا منهم عهدا مؤكدا بتبليغ الرسالة وأداء الأمانة، وأن يصدق بعضهم بعضا. ﴿وَالَّذِينَ هُمْ لِأَمَانَاتِهِمْ وَعَهْدِهِمْ رَاعُونَ﴾ [المؤمنون:٨]. والذين هم حافظون لكل ما اؤتمنوا عليه، موفون بكل عهودهم.

ومن هنا فإن فقهاء المسلمين مجمعون على شرعية الأجر الثابت للعمل ، سواة بالقطعة لكن السؤال الذي يطرح نفسه هو ،أو بالزمن أو على المهمة هل يتبنى الاسلام نفس الموقف فيما يتعلق بمشاركة العمال بالارباح ؟ من المعلوم أن العمل يمكن أن يكون خدمة يؤديها العامل إلى أحد الأشخاص لتلبية حاجة من حاجاته الاستهلاكية : ترتيب المنزل ، كي الملابس ، خياطة الأقمشة ، بناء المنازل ... الخ ، ففي هذه الحالة لا يمكن للأجر إلا أن يكون ثابتا حسب الزمن أو حسب الانتاج . لكن إذا كانت هذه الخدمة لتلبية حاجة إنتاجية (مثل حال العمال في مشروع صناعي) فمن الممكن مكافأة صانعها بطريقتين - طريقة الأجر الثابت .

- طريقة الأجر المشاركة . هذه الطريقة لمكافأة العمال (كما هو في شركات المساهمة التي يشترك فيها العمال هل هي جائزة في نظر المسلمين ؟ يبدو ان الرد هنا بالإيجاب . وقد رأينا أن العامل في عقود المضاربة والمزارعة والمساقاة يمكن أن يؤجر في صورة مشاركة في الأرباح . أما في حالة الخسارة فرب المال هو الذي يتحمل فقط مسؤوليتها إذ إن العامل تحمل من جانبه خسارة عمله وجهده . العمل في الإسلام يجوز

مكافأته بإحدى الطريقتين ، أيهما أصلح للعامل ؟ الحقيقة أن كل شكل من هذين الشكلين له مزايا . فالأجر الثابت هو أكثر ضمانة ، ولكنه أقل أهمية في العادة . والمشاركة هي أكثر أهمية، ولكنها احتمالية الربح . ألا يمكننا المزج بين مزايا الطريقتين، بحيث نضمن للعامل أجر ثابتا يضاف إليه علاوة في شكل مساهمة أو حصة في الربح؟ هنا يبدو أن الرد بالنفي. لأن العمال في هذه الحالة سوف يتمتعون بمركزين قانونيين : مركز أجير، ومركز شريك . وهذا المركز الأخير غير معقول .فالعمل كحصة في الشركة يكون عند عند ذالك موضوعا لأجرين غير متلائمين الواحد مع الأخر . الشريك الذي يقدم عمله في الشركة يمكن أن يشترك في الأرباح دون نكير. ومركزه كشريك مختلف كلية عن مركز كمستخدم . واكتساب شخص لأحد المركزين يمنع إمكانية إكتسابه للمركز الأخر . لأن العامل سيكون في هذه الحالة رابحا رابحا مضاعفا ومستمرا . فلا يتعرض لأي الأخطار . وفي بعض الأحيان يمكن لعامل (كمهندس كبير مثلا أو مدير) أن يربح أكثر من رب المال . والاسلام لايريد محاباة أحد الطرفين على حساب الآخر . فإما أن يتعرض الطرفان إلى نفس الأخطار مشتركين ،فيخسر عمله . أو أن رب المال باعتباره في البدء هو الطرف الأقوى (بالنظر لما يملك من رأس المال) يتعرض وحده للأخطار ، بشرط أن يستفيد وحده من الأرباح ، وأما العامل فلا يحصل في هذه الحالة إلا على أجره . فبمجرد أن يتقاضى أجره في مقابل عمله لا يعود بالإمكان لهذا العمل أن موضح مشاركة . فهو يقبض أجره مهما كانت النتائج ،ربح المشروع أم خسر . وهذا ينفي منطقيا إمكان إعتباره شريكا . إذن للعامل حق المطالبة بأجر عادل دون استضرار ، أو بمشاركة عادلة دون إضرار . كثير من المؤلفين شبهوا فائدة رأس المال بريع الأرض أو بالعكس . فالتشابه بين الأرض ورأس المال يماثله التشابه بين أجر الأرض والفائدة .

أن: وهكذا يرى نيقولا باربون ((ربط الفائدة بالنقود [١٦١] إنما هو خطأ ، لان الفائدة إنما تدفع من أجل مخزون ما (...) . فهي ريع المخزون ، ولا تختلف أبدا عن ريع الأرض ، فالريع الأول هو ريع مخزون مبني أو والثاني هو ريع مخزون غير مبني أو طبيعي أو اصطناعي [١٦٢] . التي توسع بها تورغو وبحسب نظرية التثمير (١٧٢٧-١٧٨١) بخاصة ، فإن كل أشكال الفائدة تشرح على أنها نتائج ضرورية لحقيقة أن مالك رأس المال يستطيع أن يثمره إذا ما بادل به قطعة من الأرض تغل ريعا [١٦٣]. ١٨٧٣م) ينادي بفكرة (١٨٠٦ـ ولقد كان جون ستيوارت ميل ((مصادرة الريع العقاري عن طريق فرض الضريبة على فائض القيمة)) ، إذ إن هذا الريع كما سبق أن أوضح ذلك عبارة عن ((دخل غير مكتسب)) ،(١٧٧-١٨٢٣م) [١٦٤] . والانتقاد الذي قدمه الأشتراكيون على وبرهن عليه ريكاردو هذه الفكرة كان بسبب عدم تعميمها والتوسع بها لكي تشمل فائدة رأس المال .الدخول بلا عمل؟ حسنا جدا ! لكن لماذا لا تحذفون أيضا فائدة رأس المال ؟! أليست هي أيضا كالريع دخلا غير مكتسب ؟ ![١٦٥].

إن تأثل ((التأثل التملك بقصد الاثمار والتجارة) العقار والضياع الكثيرة لأهل الأمصار والمدن لايكون دفعة واحدة ، ولافي عصر واحد ، إذ ليس يكون لأحد منهم من الثروة ما يملك به الأملاك التي يحرج قيمتها عن الحد ،ولو بلغت أموالهم من الرفه (=السعة) ما عسى أن تبلغ. = (١٧٧٢-١٨٩٧م) الذي كذلك فإن أحد انتقادات الموجهة الى هنري جورج ،مثل ((ميل)) ، إلى أن ريع الأرض إنما هو دخل غير مكتسب ، وتمنى تأميم الأرض ، أقول إن أحد الانتقادات الموجهة إليه هو أنه لا يمكن أن نوجه اللوم إلى دخل الاراضي ونصفه بأنه غير مشروع ، في حين أننا نحترم دخل رؤوس الأموال الأخرى[١٦٦].

ومن جهة أخرى فإن المؤلفين المسلمين قارنوا أحيانا الفائدة بالريع [١٦٧] . ولقدرأينا أن الفائدة الربوية يحرمها الإسلام ، وسوف نرى بعد قليل أن القرض بفائدة والذي يختص برأس المال المثلي يمكن الاستعاضة عنه بنوع من المشاركة يسمح بالمساهمة في الأرباح والخسائر .فهل يمكن تطبيق نفس المعاملة على الأرض ؟ وبتعبير آخر هل يستطيع مالك الأرض أن يحصل على أجر لأرضه ؟ لاشك بأن الأرض عامل من عوامل الإنتاج يقدم منتوجا طبيعيا بالتعاون مع عوامل إنتاج أخرى : عمل، رأس مال. وقيمة الجزء من المنتوج الطبيعي الذي يعزى إلى خدمات هذه الارض إنما بشكل دخل الأرض.

وانما يكون ملكهم وتأثلهم تدريجا ، إما بالوراثة من آبائه وذوي رحمه ،حتى تتأذى (تؤول ، تتوصل) أملاك الكثيرين منهم إلى الواحد وأكثر ذلك ، أو يكون بحوالة الاسواق (ارتفاع أسعارها) . فإن العقار في آخر الدولة وأو الآخرى ، عند فناء الحامية وخرق السياج ، وتداعي المصر إلى الخراب ،تقل الغبطة به لقلة المنفعة فيها بتلاشي الأموال . فترخص قيمتها وتتملك بالأثمان اليسيرة ، وتتخطى بالميراث إلى ملك آخر .

ولكن المصر إذا استجد شبابه بعد مدة ، باستفحال الدولة الثانية ، وانتظمت له أحوال رائقة حسنة ، تحصل معها الغبطة في العقار والضياع لكثرة منافعها حينئذ ، فتعضم قيمتها ، ويكون لها خطر لم يكن في الأول .وهذا معنى الحوالة فيها ، ويصبح مالكها من أغنى ملك مصر ، وليس ذلك بسعيه واكتسابه.

القرض الحسن: يستعمل لغة بمعنى القطع(١٦٨) لأن المقرض يقطع من ماله شيئا ليعطيه إلى آخر ثم يرجع إليه بمثله. هو العقد الذي يتم عن طريق تمليك المال إلى الغير تبرعا إلى أن يرد مثله(١٦٩) أو دفع مال من إنسان إلى آخر لينتفع به ويرد بدله(١٧٠).

التعريف الأول أفضل لأنه قال ((إلى أن يرد مثله)) ، والثاني قال : ((يرد بدله)) ومعروف أن المال مثلى وغالبا ما يكون القرض في المال أو في المثليات .

الدعوة الى الإقراض:

قد يسأل سائل : كيف جاز الأجل في القرض بينما بيع المثل بمثله يشترط فيه التماثل والحلول والقبض ((إذا كان يدا بيد)) ،ولايجوز الأجل ، فلماذا جاز في القرض؟

والجواب :أن عقد القرض قائم على التبرع والعمل الصالح . وقد أقر الاسلام للحاجة إليه حيث إنه لسد حاجة المقترض ولذلك كانت الحاجة اليه والدعوة اليه ملحة تشجيعا للأعمال الخيرية الرحيمة (١٧١).هذا بالاضافة الى أنه ليس بيعا ، لان البيع مقابل بمقابل (كبر ببر - ذهب بذهب - فضة بفضة وهكذا) . أما في القرض فأحد الطرفين -وهو المقترض - هو المستفيد حيث يحل مشاكله المالية ويسد عوزه . أما الآخر -وهو المقترض - فلا ينتظر إلا الثواب من الله على عمل هذا المعروف ،ويضرب أجلا للمقترض ليسد حاجته من هذا المقترض إلى حين موعد الوفاء ، فإن عجز المقترض عن السداد في الأجل المحدد من كمال الثواب منحة أجلا آخر لعل الحال يتيسر لهذا المقترض . ولو وجد المقرض أن المقترض عاجز عن دفع القرض كله أو بعضه فالتصدق حينئذ بجزء من المال أو به كله فيه كل الخير لها المقترض لاحساسه بأن عبئا كبيرا قد زال عنه فلم يعد يفكر في ذل القرض أو حمل همالة . المقرض لوثوقه في

الجزاء الجزيل والثواب العظيم الذي ينتظرهما من الله عز وجل : ﴿ وَإِن كَانَ ذُو عُسْرَةٍ فَنَظِرَةٌ إِلَىٰ مَيْسَرَةٍ وَأَن تَصَدَّقُوا خَيْرٌ لَّكُمْ إِن كُنتُمْ تَعْلَمُونَ ﴾(البقرة: ٢٨٠).

طرق الكسب غير المشروع هذه نماذج للمعاملات والأرباح ، التي اتفق المحققون من العلماء على أنها حلال وجائزة شرعا. أما المعاملات التي اتفقوا على أنها حرام وغير جائزة شرعا ،فهي كل معاملة يشوبها الغش، أو الاستغلال أو الخديعة ، أو الظلم، أو غير ذلك من الرذائل التي تتنافي مع شريعة الله - تعالى. وكل ربح يأتي عن طريق هذه المعاملات حرام . لأن ما بنى على الحرام فهو حرام. ومن أمثلة ذلك أن يبيع إنسان بضاعة معيبة على أنها سلمية ، فهذا لون من الغش، وفي هذا الحديث ﴿من غشنا فليس منا﴾ .أو أن ينتهز أحد المتعاقدين جهالة الآخر بأسعار السوق، فيبيع له السلعة بضعف ثمنها، أو يشتري السلعة بنصف ثمنها على سبيل الأستغلال والجشع.

١- الربــــا :

حكم الربا في القرآن الكريم :

لقد تحدث القرآن الكريم عن الربا في عدة مواضع تبعا لمراحل تحريمه حتى جاء التحريم القاطع في آخر ما اختتم به التشريع وهو قوله تعالى : ﴿ يَا أَيُّهَا الَّذِينَ آمَنُوا اتَّقُوا اللَّهَ وَذَرُوا مَا بَقِيَ مِنَ الرِّبَا إِن كُنتُم مُّؤْمِنِينَ ﴿٢٧٨﴾ فَإِن لَّمْ تَفْعَلُوا فَأْذَنُوا بِحَرْبٍ مِّنَ اللَّهِ وَرَسُولِهِ ۖ وَإِن تُبْتُمْ فَلَكُمْ رُءُوسُ أَمْوَالِكُمْ لَا تَظْلِمُونَ وَلَا تُظْلَمُونَ ﴿٢٧٩﴾ ﴾(البقرة).

تعريف الربا شرعيا :-

اختلف الفقهاء في تعريف الربا شرعا تبعا لتصور كل فرد منهم لعلة التحريم ولنذكر بعضا من هذه التعريفات ثم نذكر علة تحريم عند كل منهم .وهو يعرفونه بانه الفضل الحالي عن العوض بمعيار شرعي بشروط لأحد المتعقدين في

المعرضة[١٧٢] و(الفضل) : الزيادة في احد الجنسين المتماثلين والبيوع الفاسدة تدخل في الربا (والمعيار الشرعي):هو الكيل او الوزن كما ستوضح انشاء الله - (خالعن العوض) يقصد به صرف الجنس بجنس ويخرج الجنس يخالف جنسة فلا يشترط التماثل ويجوز التفاضل (لأحد المتعقدين) البائع والمشتري فلو شرط لغيرهما فليس بربا بل هو بيع فاسد (في المعرضة) فليس الفضل في الهبة الربا كما لوباع درهما بدرهم اكثر وزنا فجائز لانة هبة فحصرهم الربا وحجتهم في ذلك اعتمادهم على الاحاديث الواردة عن الرسول الله صلى الله علية وسلم والتي تشرط بيع الذهب بالذهب والفضة بالفضة والبر بالبر والشعير بالشعير ... مثلا بمثل يدا بيد . وهذا الاشتراط يفيد ضرورة توافر الشرطي المماثلة في المقدار والتقايض في المجالس والاختلال بأحد شرطين يخل بفكرة التوازن ويجعل ويجعل المعاملة صفة ربوية فإذا اختلف الجنسان اشترط التقايض في المجلس ولا يشترط التماثل وسنفصل ذلك بعد قليل ان شاء الله. وهو عقد مخصوص غير معلوم التماثل في المعيار الشرع حاله العقد او مع تأخير البدلين او احدهما [١٧٣]

فـ(غير المعلوم التماثل) يصدق بمعلوم عدم التماثل ، وأل في (التماثل) للعهد أي التماثل المعتبر شرعا وذلك عند اتحاد الجنس (أو مع تأخير) يمكن عطفه على قوله : ((على عوض))، وتحمل أل في (البدلين) على المعهود شرعا: أي الأنواع المخصوصة التي هي محل الربا ، كما حمل على ذلك قوله : ((على عوض مخصوص))، وإن كان أعم منه، ويشمل هذا القسم ما كان الجنس فيه متحدا، وما كان مختلفا، وما كان من ذلك معلوم التماثل، وما كان مجهوله،(أومع تأخير)أي أو عقد مع تأخير البدلين[١٧٥].

والعلة عند الشافعية الإطعام ولو كان غير مكيل ولاموزون وذلك في غير النقدين ، فلو بيع الجنس بجنسه كالشعير بالشعير فيحرم ثلاثة أشياء : التفاضل ، والنساء ـ أي الأجل ـ والتفرق قبل التقابض ، أما إذا إتحد الطعم واختلف الجنس كالبر بالشعير فإنه يجوز التفاضل ويحرم النساء والتفرق قبل القبض. وحجتهم في المماثلة حديث عبادة بن الصامت عن النبي صلى الله عليه وسلم أنه قال : ﴿الذهب بالذهب والفضة بالفضة والتمر بالتمر والبر بالبر والشعير بالشعير والملح بالملح مثلا بمثل يدا بيد﴾[١٧٦] . أما في اختلاف الجنس مع اتحاد الطعم فدليلهم : ((فإذا اختلفت هذه الاصناف فبيعوا كيف شئتم إذا كان يدا بيد)) .

الشـــرط:

﴿ قَالُواْ نَفْقِدُ صُوَاعَ ٱلْمَلِكِ وَلِمَن جَآءَ بِهِۦ حِمْلُ بَعِيرٖ وَأَنَا۠ بِهِۦ زَعِيمٞ ﴾(يوسف: ٧٢)

قال المنادي ومن بحضرته: نفقد المكيال الذي يكيل الملك به، ومكافأة من يحضره مقدار حمل بعير من الطعام، وقال المنادي: وأنا بحمل البعير من الطعام ضامن وكفيل.

٢- النهب والسلب

﴿ أَوْفُواْ ٱلْكَيْلَ وَلَا تَكُونُواْ مِنَ ٱلْمُخْسِرِينَ ١٨١ وَزِنُواْ بِٱلْقِسْطَاسِ ٱلْمُسْتَقِيمِ ١٨٢ وَلَا تَبْخَسُواْ ٱلنَّاسَ أَشْيَآءَهُمْ وَلَا تَعْثَوْاْ فِي ٱلْأَرْضِ مُفْسِدِينَ ١٨٣ ﴾ (الشعراء) قال لهم شعيب- وقد كانوا ينقصون الكيل والميزان-: أتموا الكيل للناس وافيا لهم، ولا تكونوا ممن ينقصون الناس حقوقهم، وزنوا بالميزان العدل المستقيم، ولا تنقصوا الناس شيئا من حقوقهم في كيل أو وزن أو غير ذلك، ولا تكثروا في الأرض الفساد، بالشرك والقتل والنهب وتخويف الناس وارتكاب المعاصي.

٣- المقامرة:

﴿ يَسْـَٔلُونَكَ عَنِ ٱلْخَمْرِ وَٱلْمَيْسِرِ ۖ قُلْ فِيهِمَآ إِثْمٌ كَبِيرٌ وَمَنَٰفِعُ لِلنَّاسِ وَإِثْمُهُمَآ أَكْبَرُ مِن نَّفْعِهِمَا ۗ وَيَسْـَٔلُونَكَ مَاذَا يُنفِقُونَ قُلِ ٱلْعَفْوَ ۗ كَذَٰلِكَ يُبَيِّنُ ٱللَّهُ لَكُمُ ٱلْـَٔايَٰتِ لَعَلَّكُمْ تَتَفَكَّرُونَ ﴿٢١٩﴾ فِى ٱلدُّنْيَا وَٱلْـَٔاخِرَةِ ۗ وَيَسْـَٔلُونَكَ عَنِ ٱلْيَتَٰمَىٰ ۖ قُلْ إِصْلَاحٌ لَّهُمْ خَيْرٌ ۖ وَإِن تُخَالِطُوهُمْ فَإِخْوَٰنُكُمْ ۚ وَٱللَّهُ يَعْلَمُ ٱلْمُفْسِدَ مِنَ ٱلْمُصْلِحِ ۚ وَلَوْ شَآءَ ٱللَّهُ لَأَعْنَتَكُمْ ۚ إِنَّ ٱللَّهَ عَزِيزٌ حَكِيمٌ ﴿٢٢٠﴾ ﴾ (البقرة) يسألك المسلمون -أيها النبي- عن حكم تعاطي الخمر شربا وبيعا وشراء، والخمر كل مسكر خامر العقل وغطاه مشروبا كان أو مأكولا ويسألونك عن حكم القمار -وهو أخذ المال أو إعطاؤه بالمقامرة وهي المغالبات التي فيها عوض من الطرفين-. قل لهم: في ذلك أضرار ومفاسد كثيرة في الدين والدنيا، والعقول والأموال، وفيهما منافع للناس من جهة كسب الأموال وغيرها، وإثمهما أكبر من نفعهما؛ إذ يصدان عن ذكر الله وعن الصلاة، ويوقعان العداوة والبغضاء بين الناس، ويتلفان المال. وكان هذا تمهيدا لتحريمهما. ويسألونك عن القدر الذي ينفقونه من أموالهم تبرعا وصدقة، قل لهم: أنفقوا القدر الذي يزيد على حاجتكم. مثل ذلك البيان الواضح يبين الله لكم الآيات وأحكام الشريعة؛ لكي تتفكروا فيما ينفعكم في الدنيا والآخرة.

٤- الصيد:

﴿ يَٰٓأَيُّهَا ٱلَّذِينَ أُوتُوا ٱلْكِتَٰبَ ءَامِنُوا بِمَا نَزَّلْنَا مُصَدِّقًا لِّمَا مَعَكُم مِّن قَبْلِ أَن نَّطْمِسَ وُجُوهًا فَنَرُدَّهَا عَلَىٰٓ أَدْبَارِهَآ أَوْ نَلْعَنَهُمْ كَمَا لَعَنَّآ أَصْحَٰبَ ٱلسَّبْتِ ۚ وَكَانَ أَمْرُ ٱللَّهِ مَفْعُولًا ﴾ (النساء: ٤٧) يا أهل الكتاب، صدقوا واعملوا بما نزلنا من القرآن، مصدقا لما معكم من الكتب من قبل أن نأخذكم بسوء صنيعكم، فنمحو الوجوه ونحولها قبل الظهور، أو نلعن هؤلاء المفسدين بمسخهم قردة وخنازير، كما لعنا اليهود من أصحاب السبت،

الذين نهوا عن الصيد فيه فلم ينتهوا، فغضب الله عليهم، وطردهم من رحمته، وكان أمر الله نافذا في كل حال ﴿يَٰٓأَيُّهَا ٱلَّذِينَ ءَامَنُوٓاْ أَوۡفُواْ بِٱلۡعُقُودِۚ أُحِلَّتۡ لَكُم بَهِيمَةُ ٱلۡأَنۡعَٰمِ إِلَّا مَا يُتۡلَىٰ عَلَيۡكُمۡ غَيۡرَ مُحِلِّي ٱلصَّيۡدِ وَأَنتُمۡ حُرُمٌۗ إِنَّ ٱللَّهَ يَحۡكُمُ مَا يُرِيدُ﴾ (المائدة: ١)

يا أيها الذين صدقوا الله ورسوله وعملوا بشرعه، أتموا عهود الله الموثقة، من الإيمان بشرائع الدين، والانقياد لها، وأدوا العهود لبعضكم على بعض من الأمانات، والبيوع وغيرها، مما لم يخالف كتاب الله، وسنة رسوله محمد صلى الله عليه وسلم . وقد أحل الله لكم البهيمة من الأنعام، وهي الإبل والبقر والغنم، إلا ما بينه لكم من تحريم الميتة والدم وغير ذلك، ومن تحريم الصيد وأنتم محرمون. إن الله يحكم ما يشاء وفق حكمته وعدله. ﴿فَلَمَّا عَتَوۡاْ عَن مَّا نُهُواْ عَنۡهُ قُلۡنَا لَهُمۡ كُونُواْ قِرَدَةً خَٰسِـِٔينَ﴾ (الاعراف: ١٦٦) فلما تمردت تلك الطائفة، وتجاوزت ما نهاها الله عنه من عدم الصيد في يوم السبت، قال لهم الله: كونوا قردة خاسئين مبعدين من كل خير، فكانوا كذلك. قال تعالى ﴿يَٰٓأَيُّهَا ٱلَّذِينَ ءَامَنُوٓاْ إِنَّمَا ٱلۡخَمۡرُ وَٱلۡمَيۡسِرُ وَٱلۡأَنصَابُ وَٱلۡأَزۡلَٰمُ رِجۡسٞ مِّنۡ عَمَلِ ٱلشَّيۡطَٰنِ فَٱجۡتَنِبُوهُ لَعَلَّكُمۡ تُفۡلِحُونَ﴾ (المائدة: ٩٠) يا أيها الذين صدقوا الله ورسوله وعملوا بشرعه، إنما الخمر: وهي كل مسكر يغطي العقل، والميسر: وهو القمار، وذلك يشمل المراهنات ونحوها، مما فيه عوض من الجانبين، وصد عن ذكر الله، والأنصاب: وهي الحجارة التي كان المشركون يذبحون عندها تعظيما لها، وما ينصب للعبادة تقربا إليه، والأزلام: وهي القداح التي يستقسم بها الكفار قبل الإقدام على الشيء، أو الإحجام عنه، إن ذلك كله إثم من تزيين الشيطان، فابتعدوا عن هذه الآثام، لعلكم تفوزون بالجنة.

٥- أكل ما حرمه اللـه أو تربيته أو إقتنائه :

أصنـــاف المـــــال:

هذا وبعد التطرق الى المفاهيم الماليه والاقتصاديه التي اثري بها الفكر الاسلامي سنتناول في هـذا الفصل المفردات والمعاني التي انار بها القران الكريم الحيـاه الاقتصـاديه والماليـه للبشريـه وقـد تعـددت اصناف المال في القران الكريم جاءت لتبين للناس الهدف منهـا والغايـة وقـد إعتـبر الاسـلام المـال وسـيلة لتحقيق منفعة لا غاية بحد ذاته كما جاء في الانظمة الاقتصادية الوضعية و سنحاول ان شاء اللـه تعالى حصر ما قدر اللـه لنا من مـدلولات للـمال في القـران الكـريم التـي تعـددت بتعـدد المواقـع والمواقـف والارشادات القرانية

١- المـــال:

ذكر المال بالفاظ صريحة والفاظ داله علية من اجل تعميم العام وتخصيص الخـاص فنجـده قـد صرح ليس البر أن تولوا وجوهكم قبل المشرق والمغرب وجاء على إطلاقه كما في قوله تعالى ﴿ لَّيْسَ ٱلْبِرَّ أَن تُوَلُّوا۟ وُجُوهَكُمْ قِبَلَ ٱلْمَشْرِقِ وَٱلْمَغْرِبِ وَلَٰكِنَّ ٱلْبِرَّ مَنْ ءَامَنَ بِٱللَّهِ وَٱلْيَوْمِ ٱلْءَاخِرِ وَٱلْمَلَٰٓئِكَةِ وَٱلْكِتَٰبِ وَٱلنَّبِيِّـۧنَ وَءَاتَى ٱلْمَالَ عَلَىٰ حُبِّهِۦ ذَوِى ٱلْقُرْبَىٰ وَٱلْيَتَٰمَىٰ وَٱلْمَسَٰكِينَ وَٱبْنَ ٱلسَّبِيلِ وَٱلسَّآئِلِينَ وَفِى ٱلرِّقَابِ وَأَقَامَ ٱلصَّلَوٰةَ وَءَاتَى ٱلزَّكَوٰةَ وَٱلْمُوفُونَ بِعَهْدِهِمْ إِذَا عَٰهَدُوا۟ وَٱلصَّٰبِرِينَ فِى ٱلْبَأْسَآءِ وَٱلضَّرَّآءِ وَحِينَ ٱلْبَأْسِ ۗ أُو۟لَٰٓئِكَ ٱلَّذِينَ صَدَقُوا۟ ۖ وَأُو۟لَٰٓئِكَ هُمُ ٱلْمُتَّقُونَ ﴾

البقرة: ١٧٧) وقد ذكر ابن كثير في تفسير هذة الاية ما يلي:-

اشتملت هذه الاية على جمل عظيمة وقواعد عميمة وعقيدة مستقيمة كما قال ابن أبي حاتم : حدثنا أبي حدثنا عبيد بن هشام الحلبي حدثنا عبيد اللـه بن عمرو عن

عامر بن شفي عن عبد الكريم عن مجاهد عن أبي ذر : أنه سأل رسول الله صلى الله عليه

وسلم : ما الإيمان ؟ فتلا عليه { ليس البر أن تولوا وجوهكم } إلى آخر الاية قال : ثم سأله أيضا فتلاها

عليه ثم سأله فقال : [إذا عملت حسنة أحبها قلبك وإذا عملت سيئة أبغضها قلبك] وهذا منقطع فإن

مجاهدا لم يدرك أبا ذر فإنه مات قديما وقال المسعودي : حدثنا القاسم بن عبد الرحمن قال : جاء رجل

إلى أبي ذر فقال : ما الإيمان ؟ فقرأ عليه هذه الاية { ليس البر أن تولوا وجوهكم } حتى فرغ منها فقال

الرجل : ليس عن البر سألتك فقال أبو ذر:

جاء رجل إلى رسول الله صلى الله عليه وسلم وأشار بيده [المؤمن إذا عمل حسنة سرته

ورجا ثوابها

وإذا علم سيئة أحزنته وخاف عقابها] ورواه ابن مردويه وهذا أيضا منقطع و الله أعلم

٢- الانعام:

﴿ وَإِنَّ لَكُمْ فِي ٱلْأَنْعَٰمِ لَعِبْرَةً نُّسْقِيكُم مِّمَّا فِي بُطُونِهَا وَلَكُمْ فِيهَا مَنَٰفِعُ كَثِيرَةٌ وَمِنْهَا تَأْكُلُونَ ﴾

(المؤمنون:٢١) وقد ذكر ابن كثير في تفسير هذة الاية ما يلي:-

وقوله : { وإن لكم في الأنعام لعبرة نسقيكم مما في بطونها ولكم فيها منافع كثيرة ومنها تأكلون

* وعليها وعلى الفلك تحملون } يذكر تعالى ما جعل لخلقه في الأنعام من المنافع وذلك أنهم يشربون

من ألبانها الخارجة من بين فرث ودم ويأكلون من حملانها ويلبسون من أصوافها وأوبارها وأشعارها

ويركبون ظهورها ويحملونها الأحمال الثقال إلى البلاد النائية عنهم كما قال تعالى : ﴿ وَتَحْمِلُ

أَثْقَالَكُمْ إِلَىٰ بَلَدٍ لَّمْ تَكُونُوا۟ بَٰلِغِيهِ إِلَّا بِشِقِّ ٱلْأَنفُسِ إِنَّ رَبَّكُمْ لَرَءُوفٌ رَّحِيمٌ ﴾

[النحل:٧].

٣- الطعام:

كما جاء المال بلفظ الطعام كما في قوله تعالى﴿ وَقَالُوا مَالِ هَٰذَا الرَّسُولِ يَأْكُلُ الطَّعَامَ وَيَمْشِي فِي الْأَسْوَاقِ لَوْلَا أُنزِلَ إِلَيْهِ مَلَكٌ فَيَكُونَ مَعَهُ نَذِيرًا ﴾(الفرقان:٧) وقد ذكر ابن كثير في تفسير هذة الاية ما يلي:-يخبر تعالى عن تعنت الكفار وعنادهم وتكذيبهم للحق بلا حجة ولا دليل منهم وإنما تعللوا بقولهم { مال هذا الرسول يأكل الطعام } يعنون كما نأكله ويحتاج إليه كما نحتاج إليه { ويمشي في الأسواق } أي يتردد فيها وإليها طلبا للتكسب والتجارة { لولا أنزل إليه ملك فيكون معه نذيرا } يقولون : هلا أنزل إليه ملك من عند الله فيكون له شاهدا على صدق ما يدعيه وهذا كما قال فرعون ﴿ فَلَوْلَا أُلْقِيَ عَلَيْهِ أَسْوِرَةٌ مِّن ذَهَبٍ أَوْ جَاءَ مَعَهُ الْمَلَائِكَةُ مُقْتَرِنِينَ ﴾[الزخرف: ٥٣] وكذلك قال هؤلاء على السواء تشابهت قلوبهم.

٤- الرزق :

وقد جاء بلفظ الرزق بقوله تعالى ﴿ قُلْ مَنْ حَرَّمَ زِينَةَ اللَّهِ الَّتِي أَخْرَجَ لِعِبَادِهِ وَالطَّيِّبَاتِ مِنَ الرِّزْقِ ۚ قُلْ هِيَ لِلَّذِينَ آمَنُوا فِي الْحَيَاةِ الدُّنْيَا خَالِصَةً يَوْمَ الْقِيَامَةِ ۗ كَذَٰلِكَ نُفَصِّلُ الْآيَاتِ لِقَوْمٍ يَعْلَمُونَ ﴾(الاعراف: ٣٢)وقد ذكر ابن كثير في تفسير هذة الاية ما يلي:- يقول تعالى ردا على من حرم شيئا من المآكل أو المشارب أو الملابس من تلقاء نفسه من غير شرع من الله { قل } يا محمد لهؤلاء المشركين الذين يحرمون ما يحرمون بآرائهم الفاسدة وابتداعهم { من حرم زينة الله التي أخرج لعباده } الاية أي هي مخلوقة لمن آمن بالله وعبده في الحياة الدنيا وإن شركهم فيها الكفار حبا في الدنيا فهي لهم خاصة يوم القيامة ولا يشركهم فيها أحد من الكفار فإن الجنة محرمة على الكافرين قال أبو القاسم الطبراني : حدثنا أبو حصين محمد بن الحسين القاضي حدثنا يحيى الحماني حدثنا يعقوب القمي عن جعفر بن أبي المغيرة عن سعيد بن جبير عن ابن عباس قال : كانت

قريش يطوفون بالبيت وهم عراة يصفرون ويصفقون فأنزل الله { قل من حرم زينة الله التي أخرج لعباده } فأمروا بالثياب.

٥- التجارة:

وقوله تعالى ﴿ إِنَّ ٱلَّذِينَ يَتْلُونَ كِتَٰبَ ٱللَّهِ وَأَقَامُوا۟ ٱلصَّلَوٰةَ وَأَنفَقُوا۟ مِمَّا رَزَقْنَٰهُمْ سِرًّا وَعَلَانِيَةً يَرْجُونَ تِجَٰرَةً لَّن تَبُورَ ﴾(فاطر: ٣٠).

)وقد ذكر ابن كثير في تفسير هذة الاية ما يلي:-

يخبر تعالى عن عباده المؤمنين الذين يتلون كتابه ويؤمنون به ويعملون بما فيه من إقام الصلاة والإنفاق مما رزقهم الله تعالى في الأوقات المشروعة ليلا ونهارا سرا وعلانية { يرجون تجارة لن تبور } أي يرجون ثوابا عند الله لا بد من حصوله كما قدمنا في أول التفسير عند فضائل القرآن أنه يقول لصاحبه : إن كل تاجر من وراء تجارته وإنك اليوم من وراء كل تجارة ولهذا قال تعالى : { ليوفيهم أجورهم ويزيدهم من فضله } أي ليوفيهم ثواب ما عملوه ويضاعفه لهم بزيادات لم تخطر لهم { إنه غفور } أي لذنوبهم { شكور } للقليل من أعمالهم قال قتادة : كان مطرف رحمه الله إذا قرأ هذه الأية يقول : هذه آية القراء قال الإمام أحمد : حدثنا أبو عبد الرحمن حدثنا حيوة حدثنا سالم بن غيلان قال : إنه سمع دراجا أبا السمح يحدث عن أبي سعيد الخدري رضي الله عنه قال : إنه سمع رسول الله صلى الله عليه وسلم يقول : [إن الله تعالى إذا رضي عن العبد أثنى عليه بسبعة أصناف من الخير لم يعمله وإذا سخط على العبد أثنى عليه بسبعة أضعاف من الشر لم يعمله] غريب جدا.

٦- الفضة:

كما جاء المال في لفظ الفضة في قوله تعالى ﴿ وَلَوْلَآ أَن يَكُونَ ٱلنَّاسُ أُمَّةً وَٰحِدَةً لَّجَعَلْنَا لِمَن يَكْفُرُ بِٱلرَّحْمَٰنِ لِبُيُوتِهِمْ سُقُفًا مِّن فِضَّةٍ وَمَعَارِجَ عَلَيْهَا يَظْهَرُونَ ﴾ (الزخرف: ٣٣) وقد ذكر ابن كثير في تفسير هذة الاية ما يلي:- قال سبحانه وتعالى : { ولولا أن يكون الناس أمة واحدة } أي لولا أن يعتقد كثير من الناس الجهلة أن إعطاءنا المال دليل على محبتنا لمن أعطيناه فيجتمعوا على الكفر لأجل المال هذا معنى قول ابن عباس والحسن وقتادة والسدي وغيرهم { لجعلنا لمن يكفر بالرحمن لبيوتهم سقفا من فضة ومعارج } أي سلالم ودرجا من فضة قاله ابن عباس ومجاهد وقتادة والسدي وابن زيد وغيرهم { عليها يظهرون } أي يصعدون ولبيوتهم أبوابا أي أغلاقا على أبوابهم { وسررا عليها يتكئون } أي جميع ذلك يكون فضة { وزخرفا } أي وذهبا قاله ابن عباس وقتادة والسدي وابن زيد.

٧- الخيل:

و قوله تعالى ﴿ وَمَآ أَفَآءَ ٱللَّهُ عَلَىٰ رَسُولِهِۦ مِنْهُمْ فَمَآ أَوْجَفْتُمْ عَلَيْهِ مِنْ خَيْلٍ وَلَا رِكَابٍ وَلَٰكِنَّ ٱللَّهَ يُسَلِّطُ رُسُلَهُۥ عَلَىٰ مَن يَشَآءُ ۚ وَٱللَّهُ عَلَىٰ كُلِّ شَىْءٍ قَدِيرٌ ﴾ (الحشر:٦) وقد ذكر ابن كثير في تفسير هذة الاية ما يلي:-يقول تعالى مبينا ما الفيء وما صفته وما حكمه فالفيء كل مال أخذ من الكفار من غير قتال ولا إيجاف خيل ولا ركاب كأموال بني النضير هذه فإنها مما لم يوجف المسلمون عليه بخيل ولا ركاب أي لم يقاتلوا الأعداء فيها بالمبارزة والمصاولة بل نزل أولئك من الرعب الذي ألقى الله في قلوبهم من هيبة رسول الله صلى الله عليه وسلم فأفاءه على رسوله ولهذا تصرف فيه كما يشاء فرده على المسلمين في وجوه البر والمصالح التي ذكرها الله عز وجل في هذه الايات فقال تعالى : { وما أفاء الله على رسوله منهم } أي من بني النضير { فما أوجفتم عليه من خيل ولا ركاب }

يعني الإبل { ولكن الله يسلط رسله على من يشاء و الله على كل شيء قدير } أي هو قدير لا يغالب ولا يمانع بل هو القاهر لكل شيء.

٨- الحـــرث:

وجاء لفظ المال في لفظ الحرث وفي قوله تعالى ﴿ وَإِذَا تَوَلَّىٰ سَعَىٰ فِي الْأَرْضِ لِيُفْسِدَ فِيهَا وَيُهْلِكَ الْحَرْثَ وَالنَّسْلَ ۗ وَاللَّهُ لَا يُحِبُّ الْفَسَادَ ﴾(البقرة : ٢٠٥) وقد ذكر ابن كثير في تفسير هذة الاية ما يلي:-

وقوله{وإذا تولى سعى في الأرض ليفسد فيها ويهلك الحرث والنسل و الله لا يحب الفساد} أي هو أعوج المقال سيء الفعال فذلك قوله وهذا فعله كلامه كذب واعتقاده فاسد وأفعاله قبيحة والسعي ـ هاهنا ـ

هو القصد كما قال تعالى إخبارا عن فرعون ﴿ ثُمَّ أَدْبَرَ يَسْعَىٰ ﴿٢٢﴾ فَحَشَرَ فَنَادَىٰ ﴿٢٣﴾ فَقَالَ أَنَا رَبُّكُمُ الْأَعْلَىٰ ﴿٢٤﴾ فَأَخَذَهُ اللَّهُ نَكَالَ الْآخِرَةِ وَالْأُولَىٰ ﴿٢٥﴾ إِنَّ فِي ذَٰلِكَ لَعِبْرَةً لِّمَن يَخْشَىٰ ﴿٢٦﴾ ﴾[النازعات] وقال تعالى : ﴿ يَا أَيُّهَا الَّذِينَ آمَنُوا إِذَا نُودِيَ لِلصَّلَاةِ مِن يَوْمِ الْجُمُعَةِ فَاسْعَوْا إِلَىٰ ذِكْرِ اللَّهِ ﴾[الجمعة: ٩] أي اقصدوا واعمدوا ناوين بذلك صلاة الجمعة فإن السعي الحسي إلى الصلاة منهي عنه بالسنة النبوية [إذا أتيتم الصلاة فلا تأتوها وأنتم تسعون وأتوها وعليكم السكينة والوقار] فهذا المنافق ليس له همة إلا الفساد في الأرض وإهلاك الحرث وهو محل نماء الزروع والثمار والنسل وهو نتاج الحيوانات الذين لا قوام للناس إلا بهما وقال مجاهد : إذا سعي في الأرض إفسادا منع الله القطر فهلك الحرث والنسل { و الله لا يحب الفساد } أي لا يحب من هذه صفته ولا من يصدر منه ذلك.

٩- الـــزرع:

وكما جاء في المال لفظ الزرع في قوله تعالى ﴿ يُنۢبِتُ لَكُم بِهِ ٱلزَّرۡعَ وَٱلزَّيۡتُونَ وَٱلنَّخِيلَ وَٱلۡأَعۡنَٰبَ وَمِن كُلِّ ٱلثَّمَرَٰتِۚ إِنَّ فِي ذَٰلِكَ لَأٓيَةٗ لِّقَوۡمٖ يَتَفَكَّرُونَ ﴾(النحل: ١١)

وقد ذكر ابن كثير في تفسير هذة الاية ما يلي:-

لما ذكر تعالى ما أنعم به عليهم من الأنعام والدواب شرع في ذكر نعمته عليهم في إنزال المطر من السماء وهو العلو مما لهم فيه بلغة ومتاع لهم ولأنعامهم فقال : { لكم منه شراب } أي جعله عذبا زلالا يسوغ لكم شرابه ولم يجعله ملحا أجاجا { ومنه شجر فيه تسيمون } : أي وأخرج لكم منه شجرا ترعون فيه أنعامكم كما قال ابن عباس وعكرمة والضحاك وقتادة وابن زيد في قوله فيه تسيمون أي ترعون ومنه الإبل السائمة والسوم : الرعي وروى ابن ماجه أن رسول الله صلى الله عليه وسلم نهى عن السوم قبل طلوع الشمس وقوله : { ينبت لكم به الزرع والزيتون والنخيل والأعناب ومن كل الثمرات } أي يخرجها من الأرض بهذا الماء الواحد على اختلاف صنوفها وطعومها وألوانها وروائحها وأشكالها ولهذا قال : { إن في ذلك لآية لقوم يتفكرون } أي دلالة وحجة على أنه لا إله إلا الله كما قال تعالى : ﴿ أَمَّنۡ خَلَقَ ٱلسَّمَٰوَٰتِ وَٱلۡأَرۡضَ وَأَنزَلَ لَكُم مِّنَ ٱلسَّمَآءِ مَآءٗ فَأَنۢبَتۡنَا بِهِۦ حَدَآئِقَ ذَاتَ بَهۡجَةٖ مَّا كَانَ لَكُمۡ أَن تُنۢبِتُواْ شَجَرَهَآۗ أَءِلَٰهٞ مَّعَ ٱللَّهِۚ بَلۡ هُمۡ قَوۡمٞ يَعۡدِلُونَ ﴾[النمل: ٦٠]

١٠- الكنز:

وكما جاء في المال لفظ كتر في قوله تعالى ﴿ وَقَالُواْ مَالِ هَٰذَا ٱلرَّسُولِ يَأۡكُلُ ٱلطَّعَامَ وَيَمۡشِي فِي ٱلۡأَسۡوَاقِ لَوۡلَآ أُنزِلَ إِلَيۡهِ مَلَكٞ فَيَكُونَ مَعَهُۥ نَذِيرًا ۝٧ أَوۡ يُلۡقَىٰٓ إِلَيۡهِ كَنزٌ أَوۡ

﴿تَكُونُ لَهُۥ جَنَّةٌ يَأْكُلُ مِنْهَا وَقَالَ الظَّٰلِمُونَ إِن تَتَّبِعُونَ إِلَّا رَجُلًا مَّسْحُورًا ﴿٨﴾

﴾ (الفرقان) وقد ذكر ابن كثير في تفسير هذة الاية ما يلي:-يخبر تعالى عن تعنت الكفار وعنادهم وتكذيبهم للحق بلا حجة ولا دليل منهم وإنما تعللوا بقولهم { مال هذا الرسول يأكل الطعام } يعنون كما نأكله ويحتاج إليه كما نحتاج إليه { ويمشي في الأسواق } أي يتردد فيها وإليها طلبا للتكسب والتجارة { لولا أنزل إليه ملك فيكون معه نذيرا } يقولون : هلا أنزل إليه ملك من عند الله فيكون له شاهدا على صدق ما يدعيه وهذا كما قال فرعون { فلولا ألقي عليه أسورة من ذهب أو جاء معه الملائكة مقترنين } وكذلك قال هؤلاء على السواء تشابهت قلوبهم ولهذا قالوا { أو يلقى إليه كنز } أي علم كنز ينفق منه { أو تكون له جنة يأكل منها } أي تسير معه حيث سار وهذا كله سهل يسير على الله ولكن له الحكمة في ترك ذلك وله الحجة البالغة { وقال الظالمون إن تتبعون إلا رجلا مسحورا }.

١١- الميراث:

و جاء في المال لفظ ميراث في وقوله تعالى ﴿وَلَا يَحْسَبَنَّ الَّذِينَ يَبْخَلُونَ بِمَآ ءَاتَىٰهُمُ اللَّهُ مِن فَضْلِهِۦ هُوَ خَيْرًا لَّهُم ۖ بَلْ هُوَ شَرٌّ لَّهُمْ ۖ سَيُطَوَّقُونَ مَا بَخِلُوا بِهِۦ يَوْمَ الْقِيَٰمَةِ ۗ وَلِلَّهِ مِيرَٰثُ السَّمَٰوَٰتِ وَالْأَرْضِ ۗ وَاللَّهُ بِمَا تَعْمَلُونَ خَبِيرٌ﴾(ال عمران: ١٨٠) وقد ذكر ابن كثير في تفسير هذة الاية ما يلي:-

وقوله تعالى : { ولا يحسبن الذين يبخلون بما آتاهم الله من فضله هو خيرا لهم بل هو شر لهم } أي لا يحسبن البخيل أن جمعه المال ينفعه بل هو مضرة عليه في دينه وربما كان في دنياه ثم أخبر بمآل أمر ماله يوم القيامة فقال { سيطوقون ما بخلوا به يوم القيامة } قال البخاري : حدثنا عبد الله بن منير سمع أبا النضر حدثنا عبد الرحمن هو

ابن عبد الله بن دينار عن أبيه عن أبي صالح عن أبي هريرة قال : [قال رسول الله صلى الله عليه وسلم من آتاه الله مالا فلم يؤد زكاته مثل له شجاعا أقرع له زبيبتان يطوقه يوم القيامة يأخذ بلهزمتيه ـ يعني بشدقيه ـ ثم يقول : أنا مالك أنا كنزك] ثم تلا هذه الاية { ولا يحسبن الذين يبخلون بما آتاهم الله من فضله هو خيرا لهم بل هو شر لهم } إلى آخر الاية تفرد به البخاري دون مسلم من هذا الوجه وقد رواه ابن حبان في صحيحه من طريق الليث بن سعد عن محمد بن عجلان عن القعقاع بن حكيم عن أبي صالح به

١٢- التراث:

وكما جاء في المال لفظ التراث في قوله تعالى ﴿وَتَأْكُلُونَ ٱلتُّرَاثَ أَكْلًا لَّمًّا ﴿١٩﴾ وَتُحِبُّونَ ٱلْمَالَ حُبًّا جَمًّا ﴿٢٠﴾﴾[الفجر] يقول تعالى منكرا على الإنسان في اعتقاده إذا وسع الله تعالى عليه في الرزق ليختبره في ذلك فيعتقد أن ذلك من الله إكرام له وليس كذلك بل هو ابتلاء وامتحان كما قال تعالى : { أيحسبون أنما نمدهم به من مال وبنين * نسارع لهم في الخيرات بل لا يشعرون } وكذلك في الجانب الاخر إذا ابتلاه وامتحنه وضيق عليه في الرزق يعتقد أن ذلك من الله إهانة له كما قال الله تعالى : { كلا } أي ليس الأمر كما زعم لا في هذا ولا في هذا فإن الله تعالى يعطي المال من يحب ومن لا يحب ويضيق على من يحب ومن لا يحب وإنما المدار في ذلك على طاعة الله في كل من الحالين : إذا كان غنيا بأن يشكر الله على ذلك وإذا كان فقيرا بأن يصبر وقوله تعالى : { بل لا تكرمون اليتيم } فيه أمر بالإكرام له كما جاء في الحديث الذي رواه عبد الله بن المبارك عن سعيد بن أبي أيوب عن يحيى بن أبي سليمان عن يزيد بن أبي عتاب عن أبي هريرة عن النبي صلى الله عليه وسلم [خير بيت في المسلمين بيت فيه يتيم يحسن إليه وشر بيت في المسلمين بيت فيه يتيم يساء إليه ـ ثم قال بأصبعه ـ أنا

وكافل اليتيم في الجنة هكذا]وقال أبو داود : حدثنا محمد بن الصباح بن سفيان أخبرنا عبد العزيز يعني ابن أبي حازم حدثني أبي عن سهل يعني ابن سعيد أن رسول الله صلى الله عليه وسلم قال : [أنا وكافل اليتيم كهاتين في الجنة] وقرن بين أصبعيه الوسطى والتي تلي الإبهام { ولا تحاضون على طعام المسكين } يعني لا يأمرون بالإحسان إلى الفقراء والمساكين ويحث بعضهم على بعض في ذلك { وتأكلون التراث } يعني الميراث { أكلا لما } أي من أي جهة حصل لهم ذلك من حلال أو حرام { وتحبون المال حبا جما } أي كثيرا زاد بعضهم فاحشا.

١٣- الثمرات:

وقوله تعالى ﴿ وَلَقَدْ أَخَذْنَآ ءَالَ فِرْعَوْنَ بِٱلسِّنِينَ وَنَقْصٍ مِّنَ ٱلثَّمَرَٰتِ لَعَلَّهُمْ يَذَّكَّرُونَ ﴿١٣٠﴾ ﴾[الاعراف] يقول تعالى : { ولقد أخذنا آل فرعون } أي اختبرناهم وامتحناهم وابتليناهم { بالسنين } وهي سني الجوع بسبب قلة الزروع { ونقص من الثمرات } قال مجاهد وهو دون ذلك وقال أبو إسحاق عن رجاء بن حيوة كانت النخلة لا تحمل إلا ثمرة واحدة { لعلهم يذكرون * فإذا جاءتهم الحسنة } أي من الخصب والرزق { قالوا لنا هذه } أي هذا لنا بما نستحقه { وإن تصبهم سيئة } أي جدب وقحط { يطيروا بموسى ومن معه } أي هذا بسببهم وما جاؤوا به { ألا إنما طائرهم عند الله } قال علي بن أبي طلحة عن ابن عباس { ألا إنما طائرهم عند الله } يقول مصائبهم عند الله { ولكن أكثرهم لا يعلمون } وقال ابن جريج عن ابن عباس قال { ألا إنما طائرهم عند الله } أي إلا من قبل الله.

وجاء في المال لفظ المسرفين في قوله تعالى ﴿ وَهُوَ ٱلَّذِىٓ أَنشَأَ جَنَّٰتٍ مَّعْرُوشَٰتٍ وَغَيْرَ مَعْرُوشَٰتٍ وَٱلنَّخْلَ وَٱلزَّرْعَ مُخْتَلِفًا أُكُلُهُۥ وَٱلزَّيْتُونَ وَٱلرُّمَّانَ مُتَشَٰبِهًا وَغَيْرَ مُتَشَٰبِهٍ ۚ كُلُوا۟ مِن ثَمَرِهِۦٓ إِذَآ أَثْمَرَ وَءَاتُوا۟ حَقَّهُۥ يَوْمَ حَصَادِهِۦ ۖ وَلَا تُسْرِفُوٓا۟ ۚ إِنَّهُۥ لَا يُحِبُّ ٱلْمُسْرِفِينَ ﴿١٤١﴾ ﴾

[الانعام] {وهو الذي أنشأ } خلق { جنات} بساتين { معروشات} مبسوطات على

الأرض كالبطيخ { وغير معروشات } بأن ارتفعت على ساق كالنخـل { و } أنشـأ { النخـل والـزرع مختلفا أكله } ثمره وحبه في الهيئة والطعم { والزيتون والرمان متشابها } ورقهما حـال { وغـير متشابه } طعمهما { كلوا من ثمره إذا أثمر } قبل النضج { وآتوا حقه } زكاته { يـوم حصـاده } بـالفتح والكسرـ مـن العشر أو نصفه { ولا تسرفوا } بإعطاء كله فلا يبقى لعيالكم شيء { إنه لا يحـب المسرفين } المتجـاوزين ما حد لهم. الملك وقوله تعالى (ألم تر إلى الذي حاج إبراهيم في ربه أن آتاه اللـه الملك إذ قال إبـراهيم ربي الذي يحيي ويميت قال أنا أحيي وأميت قال إبراهيم فإن اللـه يأتي بالشمس من المشرق فأت بهـا من المغرب فبهت الذي كفر و اللـه لا يهدي القوم الظالمين (٢٥٨) البقرة{ ألم تر إلى الذي حـاج } جـادل { إبراهيم في ربه } ل { أن آتاه اللـه الملك } اي حمله بطره بنعمة اللـه على ذلك وهو نمروذ { إذ } بـد من حاج { قال إبراهيم } لما قال له من ربك الذي تدعونا اليه : { ربي الـذي يحيي ويميت } اي يخلق الحياة والموت في الأجساد { قال } هـو { أنـا أحيـي وأميـت } بالقتـل والعفـو عنـه ودعـا بـرجلين فقتـل أحدهما وترك الآخر فلما رآه غبيا { قال إبراهيم } منتقلا إلى حجة أوضح منها { فإن اللـه يأتي بالشمس من المشرق فأت بها } أنت { من المغرب فبهت الـذي كفر } تحـير ودهـش { و اللــه لا يهـدي القـوم الظالمين } بالكفر إلى محجة الاحتجاج.

والحمد لله رب العالمين

الهوامـــــش

1- الأموال والأملاك العامة في الأسلام وحكم الأعتداء عليها / د. ياسين غادي / الطبعه الاولى 1994.

2- المعجم الوسيط، مجمع اللغة العربية ، 927/2، الطبعة الثالثة، القاهرة.

3- معجم مصطحات الفقهاء. دار التراث القاهرة.

4- أحكام القرآن، ابن العربي، 1302/2، مكتبة عيسى الحلبي، الطبعة الأولى، القاهرة.

5- لسان العرب- ابن منظور- جـ 14، دار صادر للطباعة والنشر- بيروت سنة 1956 م.

6- روح المعاني في تفسير القرآن العظيم والسبع المثاني، الآلوسي البغدادي: جـ 16، طبعة رابعة- دار إحياء التراث الإسلامي- بيروت سنة 1985م.

7- الجامع الصحيح (سنن الترمذي) جـ 4- تحقيق كمال يوسف الحوت- دار الكتب العلمية- بيروت، سنة 1987م- حديث رقم 2010.

8- صحيح ابن خزيمة- جـ 4 تحقيق محمد مصطفي الأعظمى، الطبعة الأولى- المكتب الإسلامي سنة 1970م- حديث رقم 2249.

9- الأشباه والنظائر في قواعد وفروع فقه الشافعية- السيوطي- دار الكتب العلمية- بيروت- لبنان.

10- حاشية ابن عابدين: جـ 4- ط 3- المطبعة الكبرى الأميرية بولاق- مصر سنة 1925م.

11- فتح الباري بشرح صحيح البخاري- حديث رقم 4894- 8 /637- 1/ 638 ، وسنن الدارمي 2/ 0 22.

12- مسند الإمام احمد حديث رقم 16252.

13- سنن الترمذي حديث رقم 0 124- 3/ 531، ابن ماجة حديث رقم 2255- 2 /758.

14- سنن الترمذي حديث 1209- 3/ 506، سنن الدار قطني حديث رقم 18-7/3.

15- ابن منظور : جمال الدين محمد بن مكرم الانصاري ،لسان العرب (المؤسسة المصرية العامة للتأليف والأنباء والنشر) دون تاريخ .جـ15 ص187.

16- السابق : 184.

17- السابق : 187.

18- موفق الدين عبدالله بن قدامة المقدسي ، المغني ، الجزء الرابع مطبوع مع الشرح الكبير على متن المقنع للامام شمس الـدين عبدالرحمن بن قدامة الطبعة الثانية (مطبعة المنار بمصر، 1347هـ) ص312 .

19- لسان العرب، لابن منظور، طبعة دار المعارف مادة (رهن).

20- التعريفات، للجرجاني. ص 163 ط الكتب العلمية- بيروت.

21- حاشية الصاوي على تفسير الجلالين، 126/1 ط. مصطفى البابي الحلبي.

22- صحيح مسلم 40/11 مع شرحه للإمام النووي، طبعة دار الفكر- بيروت.

23- صحيح البخاري 69/9 طبعة مصطفى البابي الحلبي بمصر.

24- لسان العرب، لابن منظور، مادة (زكو) طبعة دار المعارف.

25- سنن أبي داود، 362/1 ط الحلبي، سنة 1952 م.

26- ولد الإبل الأنثى إذا أكمل سنة ودخل في الثانية.

27- ولد البقرة إذا أكمل سنة ودخل في الثانية.

28- ولد البقرة الأنثى إذا اكمل سنتين ودخل في الثالثة.

29- يُنظر مصطلح "ركاز".

30- الصاع، أربعة أمداد، أي: قدح وثلث.

31- صحيح مسلم، 68/3، طبعة دار الشعب.

32- لسان العرب، ابن منظور189/9 دار صادر، بيروت ط3.

33- المصباح المنير مادة (ضمن)، القاموس المحيط مادة (ضمن)

34- حاشية القليوبي على شرح المحلي للمنهاج 2/ 323، ط عيسى الحلبي،

35- جواهر الإكليل للآبي، شرح مختصر خليل109/2 ط دار المعرفة- بيروت.

36- الحديث أخرجه الترمذي وقال هذا حديث حسن صحيح. سنن الترمذي 3/ 631 كتاب البيوع ط مصطفي الحلبي

37- الحديث أخرجه الترمذي وقال هذا حديث حسن صحيح. سنن الترمذي 3/ 557، تلخيص الحبير لابن حجر53/3، ط دار المعرفة.

38- جامع الفصولين122/2ومابعدها، تكملة فتح القدير لقاضي زادة، 9/ 245 ط دار إحياء التراث العربي

39- تبيين الحقائق للزيلعي 4/ 244ط دار المعرفة- بيروت، حاشية الرملي على جامع الفصولين 2/ 81.

40- مجمع الضمانات، ص 146 ط المطبعة الخيرية بمصر- الطبعة الأولى 1308 هـ

41- الأشباه والنظائر للسيوطي، ص 390 ط عيسى الحلبي، القواعد لابن رجب، ص 4 0 2 ط مكتبة الخانجي الطبعة الأولى 1352 هـ 933 1 م،.

42- الفروق للقرافي 4/ 27الفرق 17 2، 206/2 الفرق 111، ط عالم الكتب بيروت

43- حاشية ابن عابدين 526/4 وما بعدها، ط المطبعة الأميرية ببولاق مصر، جواهر الأكليل 2/ 140، المهذب للشيرازى 1/ 366 ط عيسى الحلبى

44- المصباح المنير 445/2.

45- التعريفات، للجرجاني ص 141ط الحلبي . القاهرة .

46- فتح القدير على الهداية136/6.

47- حاشية الدسوقي على الشرح الكبير55/3.

48- الحاوي الكبير، للماوردي 325/5 .

49- المبدع في شرح المقنع 23/4.

50- مجموعة فتاوى لابن تيمية. 296/20

51- أخرجه مسلم، في كتاب: البيوع "باب بطلان بيع الحصاة والبيع الذي فيه غرر، صحيح مسلم بشرح النووي 156/10 وما بعدها.

52- شرح النووي على صحيح مسلم 156/10.

53- بداية المجتهد 118/2.

54- المجموع شرح المهذب 280/9 وما بعدها

55- المعجم الوسيط ، مجمع اللغة العربية2/ 664، الطبعة الثالثة، القاهرة.

56- صحيح البخاري، محمد بن إسماعيل البخاري،5/ 213 طبعة المجلس الأعلى للشئون الإسلامية.

57- فتح القدير، الكمال بن الهمام2/ 309، دار الفكر، ط2، بيروت، ط 1.

58. صحيح البخاري، 5/ 227.

59- الأم، للشافعي 8/ 249، دار الفكر، بيروت، 1990 م.

60- المصدر السابق 4/ 147، وقيل لا تقسم إلا في دار المسلمين.

61- وقيل من الأربعة أخماس المغنى، لابن قدامة9/ 231، مكتبة القاهرة ط 1، 1969 م، القاهرة.

62ـ بداية المجتهد ونهاية المقتصد، ابن رشد2/ 754 .. دار ابن حزم، 1995، بيروت.

63- المعجم الوسيط، مجمع اللغة العربية 2/ 706، ط 2 ، 1973 م، القاهرة.

64- بداية المجتهد ابن رشد 2/ 776، دار ابن حزم، ط1 . بيروت.

65- صحيح البخاري، محمد بن إسماعيل البخاري5/ 217، طبعة المجلس الأعلى للشئون الإسلامية، القاهرة.

66- الموسوعة الفقهية 32/ 230، دار الصفوة، ط 1 1995، القاهرة.

67- المصدر السابق 32/ 231.

68- كشاف القناع/ البهوتي، دار الفكر، بيروت 1982م، 3/ 100 بتصرف يسير.

69- ابن المنظور ،لسان العرب ،125/1 ،مادة فيأ

70- الموردي ، الاحكام السلطانية ،ص126

71- المرجع السابق، ص126.

72- صحيح البخاري

73-المعجم الوسيط مجمع اللغة العربية ، مادة (ضرب) 557/1، دار المعارف، ط 3.

74- حاشية البجيرمى على شرح الخطيب، 159/3، ط مصطفى الحلبى.

75- تراجع القصة بكاملها فى الموطأ للإمام مالك، 687/2، ط الحلبى.

76- نيل الأوطار، للشوكانى 300/5، ط، دار الحديث، مع الشرح الكبير.

77- بدائع الصنائع 7/ 3446، ط مطبعة الإمام، نشر زكريا على يوسف، بالقاهرة.

78- بدائع الصنائع 3593/8.

79- حاشية ابن عابدين 281/8، ط مصطفى الحلبى. ط 2، سنة 996 1 م

80- تكملة حاشية ابن عابدين 283/8.

81- أسنى المطالب 382/2.

82- البدائع 3608/8

83- البدائع 3602/8، حاشية الدسوقى523/3 وما بعدها،.

84- تكملة شرح فتح القدير لقاضى زاده 445/8، ط مصطفى الحلبى- ط1 سنة 1970 م.

85- حاشية ابن عابدين 346/5.

86- البدائع 6/8 0 36 وما بعدها

87- المغنى والشرح الكبير 186/5، 187

88- التفريع، لعبيد الله بن الحسين بن الحسن بن الجلاب 279/1.

89- سنن النسائي بشرح الحافظ السيوطي 44/3 طبعة دار إحياء التراث العربي- بيروت.

90- المغنى لابن قدامة 231/4/ 245 دار هجر للطباعة والنشر- القاهرة، والقوانين الفقهية، لابن جزى. ص 110 عالم الفكر.

91- نظرية التقعيد الفقهي للدكتور محمد الروكي : 48.

92- القاعدة الكلية إعمال الكلام اولى من اهماله واثرها في الاصول :24

93- القواعد الفقهية المستنبطة من لمدونة الكبرى لاحسن زقور : 297/1.

94- نظرية التقعيد الفقهي.455.

95- ابن منظور ، لسان العرب ، 251/2مادة (خرج) ، وإبراهيم مصطفي وآخرون ، المعجم الوسيط ، 1/ 223 مادة (خرج) .

96- محمد الجمال ، الموسوعة الأقتصادية ، ص277.

97- الماوردي ، الأحكام السلطانية ، 142.

98- ابو يوسف ص146

99- الرازي مختار الصحاح ،ص434 ،وابن المنظور لسان العرب، 4/ 570 مادة (عشر)

100- ابو يوسف ص146

104- المعجم الوسيط ط مجمع اللغة العربية مادة (ك ف ل) (824/2) القاهرة 1985م

102- البحر الرائق: 321/6.

103- الوسيط شرح القانون المدني: د/ عبد الرازق السنهوري (18/10-19)

104- فقه السنة. السيد سابق (194)

105- الشرح الصغير: لأحمد الدرد ير (163/1).

106- الروض المريع شرح زاد المستقنع ابن قاسم النجدي (ص96).

107- تحفة الفقهاء لعلاء الدين السمرقندي، تحقيق د/ محمد زكى عبد البرط جامعة دمشق سنة 1959 طبعة اولى (398/3 وما بعدها).

108- الشرح الصغير: (164/1)

109- المجموع شرح المهذب : النووى - دار الفكر بيروت (458/13).

110- المرجع السابق (489/13).

111- الجامع لأحكام القرآن، القرطبى.

112- الأحجار الكريمة في الفن والتاريخ. عبد الرحمن زكى.

113- لسان العرب: ابن منظور، دار صادر، بيروت.

114- شرح الوقاية في مسائل الهداية، لعبيد الله بن مسعود ، ط. الهند 1326 هـ

115- تاج العروس لمحمد مرتضى الزبيدى، ط. بنغازى ليبيا د. ت.

116- الملكية الخاصة في الشريعة الإسلامية ومقارنتها بالاتجاهات المعاصرة، الاتحاد الدولى للبنوك الإسلامية، ط. القاهرة 1982م.

117- الفروق لشهاب الدين أبي العباس المشهور بالقرافي، ط. عيسى الحلبى 1346 هـ

118- معجم المصطلحات الاقتصادية في لغة الفقهاء، نزيه حماد، ط. المعهد العالمى للفكر الإسلامى، الولايات المتحدة الأمريكية 1414هـ/993 ا م.

119- قاموس المصطلحات الاقتصادية في الحضارة الإسلامية د./ محمد عمارة، ط. دار الشروق- القاهرة 1413هـ/1993 م.

120- التعريفات للسيد الجرجاني 21.

121- انظر كنز الدقائق بشرح تبين الحقائق 2/4، تنوير الابصار بشرح الدر المختار 502/4.

122- أقرب المسالك بالشرح الصغير 12/3 .

123- مغني المحتاج 2/2.

124- الانصاف 259/4، المبدع 4/4.

125- البحر الزخار 289/4.

126- شرائع الاسلام 165/1.

127- ابن ماجه / التجارات ح(2185) .

128- السنن الكبرى 263/5.

129- مغني المحتاج 3/2.

130- ((إحياء علوم الدين)) ، كتاب الشكر ، 91/4 – 93.

131- البيع الآجل نوعان : البيع بالسيئة (الثمن فيه مؤجل) ، وبيع السَّلَم (المبيع أو المثمن في مؤجل) ، وسنعرض لهذا الأخير في البحث التالي (الرابع) .

132- إغاثة الأمة للمقريزى ص.50

133- تاريخ التمدن الإسلامى 142/1 طبعة دار الهلال القاهرة.

134- النقود العربية والإسلامية وعلم النميات، أنستاس الكرملى ص 137 ط. مكتبة الثقافية الدينية القاهرة- الطبعة الثانية 1987 م.

135-عرف البابليون التعامل بالمعادن النفيسة وزناً، ومثالهم الأيونيون لكن نظام اللوذيين المشار إليه شبه كامل اعتمد على ضرب عملات بأعيانها. انظر النقود الإسلامية الأولى 13/1 د. طاهر راغب حسين- مطبعة المدينة، القاهرة بدون تاريخ./ معنى كلمة دراخمة قبضة وذلك لأنها كانت تساوى قبضة من النقود النحاسية او الحديدية التى كانت شائعة الاستعمال بين عامة الشعب.

136- انظر المصباح المميز 437/2 ، مغني المحتاج 263/2 .

137- القاموس الفقهي لغة واصطلاحاً .267

138- الهداية شرح البداية 220/3، اللباب في شرح الكتاب 201/2.

139-الشرح الصغير 570/3 ، التاج الاكليل بهامش مواهب الجليل 268/5.

140- مغني المحتاج 263/2، أسنى المطالب 2/ 324.

141- المبدع 137/5، الانصاف 101/6.

142- شرح الأزهار 426/3.

143- شرائع الاسلام 136/8.

144- المحلى 136/8.

145-الصباح المنير 524/2، القاموس الفقهي لغة وإصطلاحاً 315.

146- ملتقى الابحر بهامش مجمع الانهر 405/2، الدر المختار 97/6-98.

147- أقرب المسالك 542/4-543 ، الخرشي على متن خليل 139/8 .

148- مغني 516/4 ، فيض الاله المالك 107/2.

149- المغني والشرح الكبير 338/12 ، الأصناف 446/7 .

150-انظر المصباح المنير 252/1 ،تبيين الحقائق 278/5 .

151- كنز الدقائق بشرح تبيين الحقائق 278/5 ، بدائع الصنائع 6/ 175.

152- أقرب المسالك للشرح الصغير 492/3، الشرح الكبير مع حاشية الدسوقي 372/3.

153- الكافي 297/2 ، المغني والشرح الكبير 581/5.

154- شرائع الاسلام 221/1.

155- بدائع الصنائع 175/6، تنوير الابصار مع الدر المختار 275/6، شرح الازهار 313/3.

156- اسنى المطالب 401/2،مغني المحتاج 324/2 .

157-أبو داود في البيوع / باب المزارعة ح (3395) ، السنن الكبرى 131/6، صحيح مسلم بشرح النووي 204/10.

158- انظر :فصول من الفقه الاسلامي 444.

159-بدائع الصنائع 175/6، حاشية ابن عابدين 275/5 ،فصول من الفقه الاسلامي 444.

160- الشرح الصغير 492/3، المغني والشرح الكبير 583/5 ،بدائع الصنائع 175/6شرح الازهار 313/3، المحلى 42/7، شرائع الاسلام 221/1.

161- الفائدة بالنسبة له إنما هي ((ضاهرة غير نقدية)) ، بل هي ((ضاهرة عينية أو سلمية)) فحسب .

162- ذكره بييريو ، المرجع السابق الذكر ، ص14.

163- انظر موريس آلية ، ص466.

164- لقد سبق ابن خلدون ريكاردو إلى هذا التعبير . اليك ما جاء في مقدمته ص367:

165- انظر شارل جيد وشارل ريست : ((تاريخ المذاهب الأقتصادية)) ، ص156 – 174 و651-695.

166- المرجع نفسه .

167- انظر محمود أبو السعود : ((خطوط رئيسسية في الأقتصاد الأسلام)) ، والقرضاوي : ((الحلال والحرام ، والمودودي : ((ملكية الأرض في الاسلام)) .

168-انظر : القاموس المحيط .ماة قرض .باب الضاد . فصل القاف .

169- نهاية المحتاج ج3 ص243.

170- الروض السريع بحاشية العنقري ج2 ص151.

171- الفروق للقرافي ج3 ص292 .

172- نهاية المحتاج للرملى ج3ص 409 ، ومغنى المحتاج ج 2ص 21.

173- نهاية المحتاج مع حاشية ج 403،404.

174- انظر: المجموع للنووى ج 9ص 403،404.

175- حاشية ابن عابدين ج 5 ص 168،169.

الفهرس

الموضـــوع	الصفحـــة
المقدمة	5
مفاهيم مالية اسلامية	7
أهمية المال في الاسلام	10
المفاهيم الاقتصادية الاسلامية	11
اولاً: رأس مال	11
ثانياً: الثروة	13
ثالثاً: البيع	15
رابعاً: الشراء	19
خامساً: بيع السلم	20
سادساً: المكافأة	21
سابعاً: الرهن	23
ثامناً: الزكاة	25
تاسعاً: الصيرفة	27
عاشراً: الضمان	29
الحادى عشر: الغرر	31
الثاني عشر: الغنائم	33
الثالث عشر: الفيء	35
الرابع عشر: بيت المال	39
الخامس عشر: الجزية	40
السادس عشر: القرض	41
السابع عشر: الإجارة	43
الثامن عشر: الاستصناع	43
التاسع عشر: المضاربة	44
العشرون : الفدية	47
الحادى والعشرون: الوقف	49

54	الثاني والعشرون: الصدقة
56	الثالث والعشرون:الركاز
57	الرابع والعشرون: النذور
60	الخامس والعشرون: الرضاع
65	السادس والعشرون: إحياء الموات
68	السابع والعشرون: المساقاة
70	الثامن والعشرون: الحوالة
72	التاسع والعشرون: الشفعة
75	الثلاثون : الوكالة
78	الحادى والثلاثون: الوديعة
80	الثاني والثلاثون: اللقطة
84	الثالث والثلاثون: الجعالة
85	الرابع والثلاثون: الشراكة
87	الخامس والثلاثون: الهبة
91	السادس والثلاثون: المسابقة
94	السابع والثلاثون: الولاية
95	الثامن والثلاثون: الحجر
97	التاسع والثلاثون: التأمين
98	الاربعون : الحرابة(قطع الطريق)
100	الحادى والاربعون: قتال البغاة
102	الثاني والاربعون: السرقة
104	الثالث والاربعون: الطرار والنباش
104	الرابع والاربعون:الاسرى والسبي
105	الخامس والاربعون:الكفارات
112	السادس والاربعون: المعاوضة
115	السابع والاربعون: المنفعة
124	الثامن والاربعون:الخراج
126	التاسع والاربعون:العشور

126	الخمسون: الكفالة
129	الحادي والخمسون: اللؤلؤ(الجواهر)
130	الثاني والخمسون: الملكيَّة
133	الثالث والخمسون: المضاربة
133	الرابع والخمسون: التجارة
134	الخامس والخمسون: النقود
137	السادس والخمسون: العارية (الإعارة)
142	السابع والخمسون: الكتابة
142	الثامن والخمسون: المزارعة
154	اصناف المال
154	1- المال
155	2- الانعام
156	3- الطعام
156	4- الرزق
157	5- التجارة
158	6- الفضة
158	7- الخيل
159	8- الحرث
160	9- الزرع
160	10- الكنز
161	11- الميراث
162	12- التراث
163	13- الثمرات
167	الهوامش
177	الفهرس

Printed in the United States
By Bookmasters

Printed in the United States
By Bookmasters